Jun 21

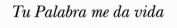

Tu Palabra me da vida

Tu Palabra me da vida

La *lectio divina* de una contemplativa a través del año litúrgico

~

Sor María de Gracia, O.S.H.
Monasterio de Santa Marta, Córdoba

ALMUZARA

© Sor María de Gracia, O.S.H., 2018
© Editorial Almuzara, s.l., 2018

Primera edición: diciembre de 2018

Colección Espiritualidad
Editorial Almuzara
Director editorial: Antonio Cuesta
Edición de Óscar Códoba
www.editorialalmuzara.com
pedidos@almuzaralibros.com - info@almuzaralibros.com

Imprime: Gráficas La Paz
I.S.B.N: 978-84-17558-81-9
Depósito Legal: CO-2129-2018

Hecho e impreso en España - *Made and printed in Spain*

Índice

Prólogo

Conocí a sor María de Gracia el 2 de julio de 2015 a las 7 de la tarde. Había sido yo nombrado cinco días antes vicario episcopal para las claustrales de la diócesis de Córdoba y visitaba por primera vez los monasterios. El de Santa Marta es, de los actuales, el más antiguo de la ciudad de los califas. Surgió como beaterio, en 1455 y, aprobada por bula de Paulo II la vida regular en 1464, en 1510 lo admitió en su Orden Fray Pedro de Córdoba, General de los Jerónimos.

El edificio es hermoso, imponente. Lástima de huerta, a la que pasaban las monjas por un túnel, bajo el callejón de Santa Marta: por remediar el hambre la vendieron a mediados del siglo XX. Entrando al compás, entrelargo, adornado de naranjos y limoneros, vi de frente la portada de la iglesia. Una belleza, exponente del gótico florido, caprichosamente engalanada de ribetes calados, y flanqueada de dos elegantes agujas. Sobre el dintel de su puerta, el arco apuntado hermosea sus molduras con una ancha cenefa de frondas y animales. Encaramados al tope del conopio, dos jimios llevan cinco siglos amenazando con saltar sobre el que los contempla.

Tras recuperarme de la sorpresa, descubrí a mi izquierda, bajo una arcada sobria y blanca, la portería. Llamé. Me abrió una monja ya mayor, sonriente, con voz de niña y una contenida expresividad castellana, tan gentil como exenta de alharacas. Llevaba con elegancia, como si no fuera con ella, una muleta, que la ayudaba a caminar, no obstante una incómoda minusvalía, a la que jamás la oiría yo después referirse. Más bien me hablaría, como Pablo de Tarso, de *correr la carrera que me toca,* con *piernas de gacela,* como el salmista, y, como él, *subir al Monte Santo,* porque Dios *toma mi mano derecha y me guía según sus planes.*

Era sor María de Gracia, zamorana de la Tierra del Pan, monja jerónima desde hacía cincuenta años. Los de formación, en el monasterio de El Goloso (Madrid). Después, más de treinta en el de Constantina (Sevilla). Ahora, desde hacía diez, en Santa Marta de Córdoba, para sostener esta comunidad exigua... por no decir moribunda. Solo eran tres religiosas más. Dos de ellas, muy mayores. Compartí con ellas casi una hora, en la portería interna: un salón del antiguo palacio de doña María Carrillo, con decoración mudéjar en los restos del friso de la parte alta de los muros, bajo el arco que da paso al claustro, enmarcado por un alfiz con filigranas en yesería, como las de la mezquita. Marché con un regusto agridulce en el paladar del alma: ¿hasta cuándo durará este convento? Pero... qué belleza de edificio, de claustro, de patio, de almas... ¿Qué querrás Tú, Señor?

Seis meses más tarde, cuando todo parecía perdido, se pidió y obtuvo que vinieran monjas de otra comunidad. Y el 30 de enero de 2016 llegaron a fortalecer Santa Marta tres profesas y dos postulantes de Garrovillas de Alconétar (Cáceres). Córdoba seguía adelante... por el momento. Siempre, en un camino de pobreza e incertidumbre. Pero seguía. Nadie quería apagar el pábilo vacilante.

En estos tres años he ido muchas veces a Santa Marta. Misas, retiros, encuentros... Es como una pequeña familia entrañable, de clase... más bien baja: nunca saben si llegarán a fin de mes. ¡Pero siempre llegan, y les sobra! Les rebosan la alegría, la fraternidad, el deseo de vivir solo para Dios. Y aunque a veces no faltan «deudas» de pesimismo o inmovilismo..., se van pagando. Y se sigue invirtiendo el poco capital que se posee, vencida la timidez con la audacia, de modo que la rentabilidad espiritual cunda y la frescura de la conversión huela a juventud, como el aroma del cinamomo del patio.

En Santa Marta, cada monja tiene habilidades ocultas y sorprendentes, como en todos los conventos del mundo. Y, como las perfecciona el amor a Dios y a los hombres (que es el mismo), son auténticas artistas. No sé por qué supe yo un día que sor M.ª de Gracia, además de pintar y bordar, y cantar (ya menos...), escribía. Escribía cosas... Y, al ritmo del año litúrgico, escribía cada día su *lectio divina*, preguntándose, según los clásicos cuatro pasos del saboreo orante, meditativo y contemplativo de la Palabra de Dios: ¿Qué dice el texto? ¿Qué me dice a mí Dios a través de ese texto? ¿Qué le digo yo a Él? ¿Qué consecuencias tiene para mi vida, aquí y ahora?

Le pedí entonces que la compartiera conmigo. Y así empezó a mandarme cada noche unas pocas líneas en las que ella reflejaba su experiencia de Dios, de sí misma y de las hermanas, de la belleza y de la vida, durante esa jornada. Esta mujer sin estudios especiales ni llamativa brillantez según los parámetros humanos solo deseaba ser...

«una monja que vive para poner sabor en la vida de los demás en silencio, una monja que vive para iluminar la vida de los hermanos en el candelero de la humildad, una monja que pasea por la tierra la Sabiduría de Dios, aunque nadie lo sepa, ni siquiera ella; una monja pobre, respetuosa, valiente, humilde, comprensiva, serena; una monja nueva cada momento y siempre abierta. La monja que se necesita este momento de la historia: monja viva, que ponga sabor en las almas diluyéndose ella».

Yo descubrí una manera de hacer *lectio divina* totalmente nueva para mí. Nada de sujeción a metodologías previas, ni a técnicas aprendidas, nada que no sea absolutamente espontáneo y natural, nada brotado de una mesa de estudio, ni siquiera de un solo libro que no sea la Sagrada Escritura. Y un lenguaje poético original. Exclamaciones frecuentes, epítetos impactantes, adverbios potentes, periodos breves, tan concisos como cincelados y rotundos. Sor María de Gracia desgrana la Escritura sin forzarla, sino acariciándola casi maternalmente, como suave y cariñosamente acaricia en su oración al Universo entero. A cada hermano de todos los tiempos y pueblos, de todas las razas, lenguas y naciones, a la Iglesia y a los sacerdotes, a los niños, a los legisladores, a las madres que dan a luz y a las que abortan, a los más pobres, a los que sufren soledad y toda clase de enfermedades, a «los despojados, predilectos del Despojado». Siendo monja de clausura, sin moverse de su celda, recorre el mundo entero y la historia de todos los tiempos, porque «desde el Génesis al Apocalipsis hay mucho que andar».

Sor Mª de Gracia despierta cada día con la ilusión de su *lectio divina*. Se signa con la Cruz, agradece a Dios el regalo de ese momento, preparado para ella y para compartirlo. Bendice a Quien despierta todas las cosas y las viste de hermosura y de luz, y se *sacia del semblante de Dios* (Sal 16, 15):

«¿Qué me dirá la Palabra, qué me iluminará, qué me pedirá hoy? Despierto en tu presencia y en la mía, Señor. Escucho tu música y la mía. ¡Qué bien suena en mi celda esta bella sinfonía orquestada por tan Gran Director! Y canto al Señor mi alegría y mi oración… Se arrodilla mi corazón ante la Biblia, levanto los brazos, bajo la cabeza en señal de respeto… ¡Con qué solemnidad me recibe el silencio de mi celda al despertar! Lo escucho con respeto profundo, oigo mi corazón y doy gracias a Dios por sentirme viva. La gratitud es mi saludo al Señor de mi despertar. Aún de noche, me instruye internamente mi Maestro. Me gustaría saber expresar las vivencias de mis noches en Él y sus luces en mí».

Y entonces, a esta mujer contemplativa se le abre cada día un mundo insospechadamente anchuroso, de inconmensurable belleza, en el patio de Santa Marta, el del «claustro del cinamomo», que adorna y perfuma una de sus esquinas. Un cinamomo secular, imbatible. ¡Qué fidelidad monástica! En torno a este patio gira la vida de la comunidad; en su redor se abren las dependencias monacales: coro, sala capitular, sala de recreación, portería, y refectorio y celdas de las monjas. El claustro, de dos alturas, es impresionante, aunque hoy menos que ayer porque perdió mucha gracia al macizarse sus columnas en el siglo XIX. En el centro hay una fuente barroca del siglo XVII, con el escudo de la Orden: el león rampante del patriarca Jerónimo, hombre leonino también él… En este claustro y su patio sor María de Gracia descubre cada día un mundo nuevo, maravilloso, sobrecogedor, irresistiblemente hechicero. En este patio encuentra ella el Universo, porque encuentra a Dios. Cuántas veces, leyéndola, he pensado en el valor de la clausura vivida como espacio liberador, desde una profunda vida interior, desde una identificación gozosa y sincera con la *kénosis*, también corporal, del Siervo de Yahvé… Cuántas veces, hablando desde su patio me ha hecho recordar Sor María de Gracia a San Juan de la Cruz en su Cántico espiritual, escrito, increíblemente, en una inmunda carcelilla de Toledo, donde, diría la Madre Teresa, «no cabía bien, con cuan chico era»:

> ¡Mi amado, las montañas,
> los valles solitarios nemorosos,
> las ínsulas extrañas,
> los ríos sonorosos,
> el silbo de los aires amorosos…!
> La noche sosegada,
> en par de los levantes de la aurora,
> la música callada,
> la soledad sonora,
> la cena que recrea y enamora…

Es posible, sí, es posible, y muy interesante, ahondar en la belleza y en la amplitud, y volar, más allá de los espacios, siempre estrechos, al fin. Por eso nuestra monja, escondida en un monasterio ignoto, bendice al Señor porque le ha regalado unos ojos que ven más allá de todas las cosas, donde la belleza de la obra divina es un derroche de gracia. Y por eso disfruta la gloria de Dios en las noches estrelladas, en la serenidad de su belleza, en su música callada, en su silencio acogedor… ¡en todo! Ve concentrada en este patio toda la música del Universo, la belleza de la creación entera, el silencio, la realidad y la grandeza del Misterio. Y le emociona sentir desde su clausura, tan absurda para el mundo, la palpitación de los hermanos de ese mundo, al comenzar el día que ella saluda entre el susurrar de pájaros soñolientos, y la danza del cinamomo, la adelfa y el limonero, al ritmo de la brisa que precede al amanecer:

«Salgo al claustro, todo silencio, las hermanas aún duermen. Me asomo al patio y me integro en todo lo que aquí se vive… He escuchado el despertar de los pájaros. Me hace mucha gracia oírlos mientras se desperezan y afinan sus flautas de pico… Abro mucho los ojos, miro hacia el Naciente, hacia donde está orientada mi celda y toda yo. Abro los oídos y escucho el canto de los mirlos que preparan su concierto y reciben el día embelleciéndolo con su música. Respiro la brisa del patio, el limonero regala su azahar y perfuma el ambiente que percibo limpio y saludable. Me ensancho por dentro y vuelvo a la celda pensando que soy demasiado pequeña para contener tanta belleza… La naturaleza canta sus Laudes… Un pájaro nuevo, nunca lo había oído, silba una alegre melodía. Varias parejas de palomas se arrullan, otros pájaros revolotean alrededor de la torre. El cinamomo baila con su pareja, la celestina azul, el limonero con la adelfa, los orondos bojes danzan con todas las macetas. Bella coreografía… Gracias, Señor, por la imaginación que me has dado… La belleza en algunos momentos supera mi capacidad de encauzar mis ímpetus».

El patio de Santa Marta es inmutable y siempre nuevo. De alguna manera participa de la eternidad del Creador, *Pulchritudo tam antiqua y tam nova*, al decir del Agustino. Todo pasa, y este patio conserva su silente serenidad. La Axerquía era el barrio de la antigua ciudad baja que, junto a la Medina, conformaba la Córdoba árabe. Tras su reconquista en 1236 por san Fernando III, surgen allí iglesias y conventos. Un par de siglos más tarde, el monasterio de Santa Marta. ¡Cuántas cosas han cambiado en su entorno! Pero el patio de Santa Marta es siempre igual a sí mismo. Como Dios. De ahí tanta belleza. Y sor María de Gracia sabe explotarla, desde una particular «Teología de la historia del patio»...

«Me asomo al patio desde arriba, veo que ha bajado al fondo de sí mismo mirándose en el espejo de las aguas de lluvia que llenan el suelo. Mientras contemplo tanta belleza comienza a llover de nuevo, y todo danza con alegría al compás de la lluvia y la brisa que lo mueve... y, al contrario del patio, me reflejo arriba... Vuelvo a la celda después de escuchar el mensaje del patio, contemplar el titilar de las estrellas, el reposo de las plantas, el regalo de tanta belleza... Me gusta asomarme al patio. Gran silencio que escucho con atención, porque es muy grande su carga de mensajes... La belleza y la música que brotan del silencio, me transmiten paz y armonía dentro. Y pienso: estos claustros y este patio, expuestos al paso del tiempo, con sus calores y sus inviernos, con sus lluvias y sus vientos, sus deterioros y sus arreglos, no han perdido la belleza ni la calma... Su serenidad y su ejemplo se introducen en mi alma. Día tras día, año tras año, siglo tras siglo, ha recogido la vida de las monjas, los acontecimientos de la comunidad, todos sus avatares... Sabe del comienzo, de la plenitud, de la decadencia actual... Y Dios siempre vigilante... Y hemos llegado al siglo XXI en el que se producen grandes cambios. Y el patio sigue igual: abierto, expectante, acogedor. No guarda nada, se mantiene siempre abierto, recibe y da... ¿Qué me da a mí el patio? Me enseña a abrirme, a recoger y dar, permanecer abierta, no acumular. Recibir y dar. Es un cauce por el que el amor y la fuerza de Dios llega a los demás».

Estoy por decir que, sin salir del claustro, sor María de Gracia, como tantas monjas contemplativas en tantos conventos del mundo, ejercen, acaso sin saberlo, como sacerdotes de la liturgia cósmica. Ofrecen el mundo al Dios que lo creó. Se ofrecen ellas mismas con ese mundo, como Cristo, el Grande y Único Liturgo, el *Salvator mundi*.

«Asomada al patio, Te ofrezco el torrente imparable de la vida que corre hacia la plenitud en Ti. Y la belleza infinita, la música callada y a veces sonora, que cabe en este patio llenando las horas. Te ofrezco la luz blanca de la luna que, en sus ciclos se esconde para embellecerse, después aparece adornada de plata y luz para iluminar la noche. Te regalo todos los amaneceres del planeta en los que cada persona comienza de nuevo a caminar hacia la meta. Te ofrezco el misterio del dolor humano en el que se encuentra a Jesús con su abrazo. Y como oración del amanecer, todo esto que me pone en pie de alabanza».

Pero no solo se deleita con las alboradas cordobesas, contempladas desde el recortado marco de un claustro. También goza con el colorido contemplativo del crespúsculo, tan sugerente. Y al ocaso de la jornada, desde su desierto, grita en silencio a sus hermanos los hombres, para que no caigan para siempre en la noche...

«Vengo de mi celda. Asomada a la ventana que da al poniente he gozado de la belleza del atardecer. Me gusta mucho mirar al cielo. He visto los rayos del sol, en su ocaso, pasar entre los cirros y bordar de plata sus contornos. Me impresiona el arte de la naturaleza, lo profundizo hasta donde soy capaz. Y me desbordo en acción de gracias al Creador. También esto forma parte de mi *lectio*, de mi día y de mi desierto. Dios me ha llamado a vivir en comunidad y vivo contenta, al mismo tiempo soy monja de desierto, de soledad sonora. ¿Qué oigo? Los pasos de Dios en tránsito por mi vida. Se acerca cuando caigo y me levanta, cuando sufro y me sostiene, cuando dudo y me ilumina. Los pasos de Dios producen una música especial que no sé ponerla en palabras ni en voz, pero sí me gustaría recorrer el mundo gritando: ¡Hermanos, entrad en vuestro corazón y en vuestra vida. ¡Escuchad! Oiréis los pasos de Dios y la música de vuestro corazón cuando Él toque el teclado de vuestra vida. Esto no es solamente para privilegiados, ¡todos lo somos en el Corazón del Señor! Solo así podremos cambiar el mundo y convertirlo en lugar de paz, aun en medio de todas las dificultades. ¿Cómo se entra en el corazón? Bajo, para que el Dios que vive en mí me eleve. Escucho para que Él me hable. Hablo para que Él me escuche. Esto se realiza desde la humildad y la transparencia.

Silencio, belleza, anchura interior, virginidad de alma y de cuerpo, alegría, pobreza, fraternidad, optimismo existencial, osadía profética. Todo eso y mucho más hay en estas páginas, escritas, en clima de oración contemplativa, por una mujer soñadora:

«*Vuestros ancianos soñarán sueños*, dice Joel 3, 1. Pues yo soy "joven" y también sueño. Esta noche he soñado que soy fuerte, y es verdad: ¡Dios fortalece mi debilidad! Sueño que Jesús, en mi templo interior, me explica las Escrituras y es verdad: ¡siento *arder mi corazón*! (Cf. Lc. 24, 32). Sueño que *algo nuevo está naciendo* (Is 43, 19), y es verdad: ¡Dios me regala intuición y luz para verlo, alegría para esperar que se acerque! Sueño que *la misericordia de Dios llena la tierra* (Sal 32, 12; 18, 20), y es verdad: ¡yo la siento sobre mí! Sueño y veo a Dios caminando junto a nosotros, porque no puede retirarse. Sueño con hacer mi vida sencilla y crecer en el amor. Sueño con poner vida y sabor, alegría y color en la vida de todos los hermanos. Sueño que no termino de soñar y es verdad, porque la realidad es el sueño de Dios hecho Carne».

Algunos cursillos de Teología ha hecho sor María de Gracia, y algunos otros estudios, sí. Pero… poca cosa comparado con lo que escribe. ¿Quién ha sido el Maestro? A estas horas, por sabido se calla. Pero además, sor María de Gracia alude constantemente a una Educadora. Para haberle enseñado tanta sensibilidad, tanta intuición, tanta penetración, tanta contemplación, tiene que ser una mujer. ¡La Mujer! María, «blanco perfecto de la mirada de Dios»:

«Sueño con María, Gloriosa Mujer... Entro en mí misma, me miro en María, la Madre de Jesús... María, ¡es música tu Nombre! ¡Qué bien me suena! Tu SÍ sostenido llena la historia de melodías nuevas. Me impresiona mucho María Santísima, por el SÍ que pronunció en un momento tan difícil que le tocó vivir. Ese SÍ se prolonga a través de la historia sosteniéndola con su fuerza y adornándola con su belleza. Muchas veces, a la luz de María Santísima, pienso en mi sí. El sí de aquel día que solo Dios y yo conocemos, más Dios que yo. Un sí sencillo y dramático al mismo tiempo. Un sí que renuevo y acaricio cada día, y dejo confiada en las manos de María Santísima. ¡Alégrate, María! Tú llevaste en tu seno a la Palabra Creadora de cielo y de tierra, el Verbo, y lo alumbraste como Salvador del mundo. Me gustas mucho, María, en Ti me siento madre del Universo. Me has regalado algo de tu ternura. Lo sé porque todo lo que contemplo lo acaricio dentro...

Felicito en María a todas las mujeres del mundo, y pido a Dios por todas y cada una, que les dé fuerza y sabiduría para engendrar y educar hijos capaces de formar una Humanidad nueva en la que reinen la paz, la alegría y el amor.

Gracias por los niños que en estos momentos pasan del seno materno a este planeta creado por tu Palabra. Que María los acompañe y ayude a crecer en sabiduría, estatura y gracia, sin dejar de ser niños. María vela conmigo. Las dos nos hacemos cargo de todos los hermanos del mundo».

Entusiasmado con tanta belleza, propuse a sor Mª de Gracia editar algún día una parte de su *lectio*. Podrían ser los tiempos fuertes. Pero no concretaba yo nada, metido siempre en mil cosas, y esperando que, como es Su costumbre, la Providencia de Dios, tan amorosa y tan puntual, depararía la ocasión. Así ha sido, con motivo del II Congreso de Cocina Conventual en

Córdoba. Mi buen amigo D. Juan de la Cruz Ramos Pemán quería que una monja hablase de la riqueza, hoy tan desconocida, de la vida contemplativa. Lo dirigí a sor Mª de Gracia, y le hablé de su vena literaria y de lo bueno que sería publicar su *lectio divina*. Me parecía que sor Mª de Gracia podría hacer un buen papel en ese Congreso, sin necesidad de salir de su clausura: apareciendo entrevistada en un vídeo, en el que además se vería «el misterio» del claustro y del patio de Santa Marta. Le interesó mucho a Pemán. Y fue a verla, en la lluviosa tarde del día de Santa Teresa de 2018, con Óscar Córdoba, editor de Editorial Almuzara. De allí salió el proyecto inmediato del libro. Naturalmente, la pobre sor Mª de Gracia se horrorizó: ¡habría que preparar todo en dos semanas! La tranquilicé: nos pondríamos a ello entre los dos. Efectivamente, han sido días intensos: corregir, ordenar, compulsar citas, retocar. ¡Pero llegamos! Y aquí está el libro.

Gracias a Pemán y a Óscar. Gracias a la querida comunidad de Santa Marta, también colaboradora, a su modo. Y ¡gracias, sor Mª de Gracia, por tanta Gracia! Gracias por haber querido compartir con nosotros su oración diaria. Será una Gracia para muchos.

ALBERTO JOSÉ GONZÁLEZ CHAVES
Delegado Episcopal para la Vida consagrada
y Vicario para las Monjas Contemplativas.
Diócesis de Córdoba.

ES EL TIEMPO
DE SENTARME
QUIETA FRENTE A TI.
EL TIEMPO
DE CANTARTE
EN UN OCIO MUDO
Y REBOSANTE.

LA OFRENDA
DE MI VIDA.
(Tagore)

Gracia

20

Lectio Divina en
Tiempo de Adviento

DOMINGO I DE ADVIENTO. CICLO B. 3 DE DICIEMBRE DE 2017

Ya es hora de despertar del sueño (Rm 13, 11). Sí, sí. Voy en seguida, Señor. Gracias porque mientras yo dormía Tú velabas.

Comienza el Adviento y empiezo de nuevo ahora mismo.

Al atardecer de ayer vi la luna entre las ramas de un árbol meciéndose mientras se preparaba para su vigilia. Ha pasado la noche cruzando el cielo de un extremo al otro y nos ha regalado su luz. Ahora, antes de amanecer, al salir de la celda, lo primero que veo es la luna que me saluda complacida después de cumplir su misión de iluminar la noche y embellecerla. Precioso mensaje el que me ha regalado la luna, pues deseo ser luz para todos en mi peregrinar por la vida.

Jamás oído oyó ni ojo vio un dios fuera de Ti que hiciera tanto por el que espera en él (Is 63, 16-17. 64, 1. 3-8). De esto poseo yo mucha experiencia. ¡Cuánto podría decir, pero no sé! Cuando se espera en el Señor pura necesidad y apertura, siempre llega Él a tiempo. La necesidad genera humildad.

Señor, tú eres nuestro Padre; nosotros la arcilla, y Tú el alfarero: todos somos obra de tu mano (Is 64, 8). ¡Cuánta gratitud en mi corazón hacia el Dios que no cesa de modelar mi barro con entusiasmo y cariño, hasta que aparezca la imagen de Cristo! Sé un poco lo que es modelar el mazapán y la arcilla. Es sentir dentro la vida y las formas, generarlas con amor y alumbrarlas, con dolor cuando la forma que se siente dentro no acaba de aparecer con la belleza que se ha concebido. Y gran alegría cuando, por fin, se consigue lo deseado. Creo que algo así le ocurre a Dios al modelar las almas: goza cuando la arcilla es dúctil y puede realizar sus maravillas, y de alguna forma «sufre» cuando el barro no se le entrega.

Ave, Regina caelorum!
Ave, Domina angelorum!
Salve, radix, salve, porta!
Gaude, Virgo gloriosa!

LUNES I DE ADVIENTO. 4 DE DICIEMBRE DE 2017

¡Qué bien se duerme, Señor, bendecida por el rocío de tu gracia! ¡Qué bien se despierta al rumor del río de agua viva que corre por mis entrañas!

Ha comenzado el tiempo de María, de Juan Bautista, mi tiempo… Tiempo de engendrar la Palabra y esperarla y jugarme la vida por ella, y encontrar la Vida llamando a mi puerta.

Señor, ¿cómo agradecerte lo que haces conmigo? Vivo feliz y libre en medio de tanta pobreza, incertidumbres… Es verdad que también vivo momentos de mucho sufrimiento, pero eso me saca a una nueva luz que me permite seguir caminando en la esperanza…

Aquel día el resto de Israel y los supervivientes de la casa de Jacob se apoyarán sinceramente en el Señor. Un resto volverá al Dios fuerte (Is 10, 20). Hoy he hecho la *lectio* sobre este texto de la lectura breve de Sexta, porque la realidad del «Resto» me tiene ocupada hace muchos años. Día tras día he ido viviendo la decadencia que avanzaba a buen paso sin poder pararla. Antes de morir me gustaría ver un rayo de luz en nuestras comunidades, tan bello como la luna que, al volver de rezar Completas, he visto al asomarme a mi ventana.

Señor, ha llegado la hora del gran silencio, de la intimidad Contigo, de la vigilia, de la esperanza... Recibe mi gratitud por estas profundidades sencillas que me permites gustar. ¡Qué reposo! La verdadera oración calma el deseo escrupuloso de rezar, y se convierte en vivir.

La oración es para mí como un lago transparente en serenidad, o agitado por el viento del Espíritu en el que el Señor pone el calor de su corazón, la fragancia de su presencia, la melodía de su vivir en mí, la belleza de su rostro, el sabor de su Palabra, el anhelo, la canción... Es sentirme tocada, es la atracción que ejerce sobre mí el Infinito abierto.

MARTES I DE ADVIENTO. 5 DE DICIEMBRE DE 2017

¡Dichosos los ojos que ven lo que vosotros veis! (Lc 10, 23). Señor, al despertar recuerdo esto que leí anoche en el Evangelio. Y, digo yo: nuestros ojos son demasiado pequeños y no nos cabe tanto como hay que ver.

Abre mis ojos, Señor y contemplaré tus maravillas (Sal 119, 18). Es impresionante toda la creación y toda la salvación que el Señor realiza en cada segundo. No podemos abarcarlo.

Señor, ensancha mi capacidad interior: me interesa mucho vivirte, gozarte.

Cada despertar es una nueva pincelada de amor y esperanza que pones sobre mi vida con el color de tu Corazón; por eso puedo vivir alegre en medio de tantas dificultades.

Cuando iba al coro para la celebración de Laudes me sorprendieron las sombras que proyectaba la palmera iluminada por la luz de la luna llena. Sombras vivas llenas de movimiento y belleza. ¿Qué me dice todo esto? Me expresa la profundidad de cada momento, la obra de Dios, su belleza en marcha. No deja de crear, de sostener, mostrar a quien desee verlo y sentirlo, el amor que nos envuelve a todos. Para mí es muy importante dejarme tomar por el amor esponsal de Dios.

Señor, me encuentro un poco cansada y tengo sueño. Cuando me retiro a descansar vuelco en tus entrañas mi ser entero. En cada amanecer Tú derramas tu vida en mi corazón… Así mi vivir se encuentra lleno de sentido y oración.

MIÉRCOLES I DE ADVIENTO. 6 DE DICIEMBRE DE 2017

Señor, lo primero es saludarte. Lo segundo es pedirte por todos los legisladores. Acógelos a todos en tu Corazón y enséñales a legislar según tu voluntad. Lo tercero es darte las gracias porque tu Luz me permite gozar de una luz nueva al despertar.

Todo mi ser se estremece, se espabila y se renueva. Comienzo a vivir hoy con una ilusión y una esperanza nuevas, y un nuevo tono de color verde. Este color es el que más cantidad y variedad de tonos presenta. Me gustaba mucho trabajarlo en mi paleta. Y me gusta cómo lo trabaja Dios en la suya para pintar mi vida de esperanza. Me encanta la vida, Señor, ¡es todo tan bello!

En estos días de adviento me siento invitada a un gran silencio. Si un día desaparecieran las palabras, podría yo decir lo que quiero, o lo que deseo decir, porque la fuerza que genera en mí la necesidad de expresar toda la vida que llevo dentro, con la belleza, la riqueza, la verdad, la pura realidad que Dios trabaja dentro de mí, me convertiría en palabra sencilla; sin necesidad de hablar lo diría todo.

Jesús subió al monte y se sentó en él (Mt 5, 1). A mí también me gustan mucho las alturas, todo se entiende y se percibe mejor desde arriba. Cuando salgo por la mañana, aun de noche, y contemplo desde esta altura, con amor y respeto, el pueblo, y pienso en los hermanos que duermen, en los que madrugan para el trabajo, en los enfermos, en los que sufren, los siento tan cerca que me estremezco.

Me da lástima esta gente (Mt 15, 29-37). Me impresiona mucho lo humano que es Jesús, siempre entre los pobres, los que nadie quiere. Cura a los enfermos y da de comer a los hambrientos. ¿Cómo puedo yo, monja de clausura, dar de comer a los hambrientos? Siendo monja, de verdad monja. ¿Cómo puedo ser monja? Únicamente poniéndome en las manos de Dios, Él es el único que puede hacerme pan reciente para los hermanos, yo solo puedo dejarme comer. Para mí es claro, si soy de verdad monja, soy parte de Cristo que cura, da de comer, escucha, entiende, ama, salva... ¡¡¡Oh!!!

Señor Dios, estoy un poco cansada y tengo sueño. Me retiro pensando en el consejo de María: «Haced lo que Él os diga» (Jn 2, 5). Enseguida, Señor, descanso y duermo. Ven conmigo, Señor.

JUEVES I DE ADVIENTO. 7 DE DICIEMBRE DE 2017

Al Rey que viene, al Señor que se acerca, venid adorémosle (Invitatorio).

Despertar en la seguridad de que el Señor ha venido, viene y vendrá, es una gracia importante. Da gusto comenzar el día así.

Cuando me dirigía al coro para la celebración de Laudes,

me paré en la galería de cristales y me impresionó ver las dos palmeras llenas de estrellas. Todo en silencio, solo se escuchaba el rumor de las palmeras como quejándose de ser invadidas por los astros. Pero no, eran brillos de las hojas que surgían al acariciarlas la luna, aunque alguna estrella se colaba entre sus ramas. Preciosas sombras dibujaba la luna en el suelo con un movimiento sereno que invitaba al amanecer a entrar en el Misterio. Llegué al coro y me tocó cantar el Invitatorio, que me brotó del alma. *¡Venid, adorémosle!*

Después de Laudes me asomé al pueblo. Hasta mí subía su respirar y su vivir, y lo acogí en mi corazón como cosa propia... ¡Son mis hermanos, su vivir es mi vivir! Es la naturaleza entera regalándome toda la belleza que el Creador ha puesto en ella. ¡Me gusta escuchar la música del amanecer! En todo se halla la vibración de Dios, el ritmo de su respiración, el amor de su Corazón. Y vuelvo a la celda para la *lectio*.

Aquel día se cantará este cántico: Tenemos una ciudad fuerte (Is 26, 1). Al despertar es cuando mejor experimento que me alcanza el favor del Señor. ¿Por qué? Porque «aquel día» del que habla Isaías lo vivo en la realidad de cada minuto, en mi historia personal, en la de la comunidad y de la Iglesia. El favor de Dios para mí es nacer a la verdad desde la experiencia del momento histórico que me ha tocado vivir en soledad, en dolor, en incomprensión, en gozo, en esperanza, en amor... Voy hacia eso que me es regalado y es otra cosa que desplaza lo que no es... por muy agarrados que estemos a ello. Para mí el favor del Señor consiste en ser tomada por la mentalidad de Jesucristo, sin engaños, en sabiduría, en humildad.

El Señor es mi roca firme, Dios es mi refugio (Sal 18, 2). Sobre su Palabra el Señor va construyendo mi vida y ayudándome a ser coherente y atenta a lo que Él me indica.

He aquí la esclava del Señor; hágase en mí según tu Palabra.

Algo importante me ha venido a la memoria al despertar hoy: la actitud del Ángel: *La dejó...* Es que en momentos importantes de mi vida, cuando Dios se ha acercado a mí de forma especial, me ha parecido que se retiraba mi Ángel y me he sentido profundamente sola. Es un misterio que, a medida que voy siendo mayor, me parece entender un poco. El Ángel es tan respetuoso que cuando interviene Dios, «se retira sin retirarse», para que el Señor realice su obra a su manera, tan especial a veces... Esto lo he vivido yo en algunos momentos, pero no sé expresarlo, es muy sencillo y hondo.

Ese sentirme profundamente sola lo considero obra muy delicada de Dios. Es un vaciamiento del alma que únicamente Él puede realizar, solo Él. Es la cirugía de Dios para la que no utiliza anestesia, solo amor. No suprime el dolor, pero da la fuerza para resistir.

Y despierto, en este día, felicitando a Dios por haber creado a María y poner sus ojos en ella. Felicito a María, porque en sus entrañas abiertas pudo Dios llevar a cabo su gran obra: la Encarnación y la Salvación.

Me felicito a mí porque Dios ha mirado mi pobreza y también hace en mí cosas grandes. Y felicito en María a todas las mujeres del mundo, y pido a Dios por todas y cada una, que les dé fuerza y sabiduría para engendrar y educar hijos capaces de formar una Humanidad nueva en la que reinen la paz, la alegría y el amor.

Salgo de la celda. Mientras me dirijo al coro pienso que observar la naturaleza es enriquecerse en mensajes divinos y humanos. Veo en la galería de cristales que bajo una de las palmeras ha dibujado la luz de la luna una estrella perfecta, todo el contorno de la estrella es luminoso. Y pienso: si yo vivo bajo la luz de Dios, seguro que puedo ser luz para los hermanos, aunque yo no lo sepa.

Lucero del alma, luz de mi alma, Santa María.
Virgen y Madre, Hija del Padre, Santa María.
Flor del Espíritu, Madre del Hijo, Santa María.
Amor maternal del Cristo total, ¡Santa María!

Después de Laudes me asomo al pueblo, a las montañas, escucho la música del amanecer, bendigo a Dios y canto sus hazañas. Felicito a la creación entera, porque todo ha salido del seno de María, que engendró la Palabra Creadora.

El día ha transcurrido en fiesta y alegría. Atardece suavemente. Doy un paseo por el jardín mientras el sol se esconde entre arreboles y cantos de pájaros. Vuelvo a la celda, escucho el *Magníficat* de Bach y espero que suene la campana para la celebración de Vísperas. Al despertar me iluminó la presencia de Dios y a su luz he visto a María preciosa, en ella me veo yo muy guapa. Ahora, al retirarme a descansar vivo la alegría del Reino. Gracias, Señor, por este día, por mis monjas, por los hermanos y ¡por María!

SÁBADO I DE ADVIENTO. 9 DE DICIEMBRE DE 2017

Tus ojos verán a tu Maestro. Tus oídos oirán una palabra detrás de ti que te dice: «Este es el camino, síguelo» (Cf. Is 30, 19-21; 23-26).

Buenos días, *Abba*. Llevo un rato despierta y esperando... ¿Qué espero? Ver a mi Maestro. Cada situación dolorosa me rasga entera; por eso, temblorosamente abierta puedo contemplar la luz de la realidad. Me siento pequeña y a la vez eterna, contemplada por Ti desde siempre. Soy silencio y gratitud en tu presencia, toda ojos abiertos para verte.

Mis ojos verán a mi Maestro. ¡Lo he visto tantas veces! Llorar en los hermanos, en mi corazón sufrir y siempre cerca salvando. A Jesús se le ve con los ojos del alma porque con la gracia de Dios pueden trascender, ver más allá. ¿Qué es para mí ver a mi Maestro? Es una experiencia importante y difícil de expresar. Es verlo en mí y verme en Él. Para ver al Maestro se necesitan ojos profundos del alma.

Tus oídos oirán una palabra detrás de ti. Lo que yo oigo es muy claro, dentro y fuera de mí: *Este es el camino, síguelo.* No tengo otra alternativa. Pero, ¿qué oigo? *Id y proclamad que el Reino de los Cielos está cerca. Gratis habéis recibido, dad gratis* (Cf. Mt 10, 15).

Doy gracias a Dios porque me ha llamado a la Vida Monástica. Es desde aquí como llego más lejos, mucho más lejos porque vivo en el más hondo sentido de la realidad del vivir. ¡Vivo! El mundo es mío porque es de Cristo.

El Espíritu y la Esposa dicen: ¡Ven, Señor! (Ap 22, 17).

DOMINGO II DE ADVIENTO. CICLO B. 10 DE DICIEMBRE DE 2017

¡Ven, Señor Jesús!

Escucha, Señor, mi exclamación de hoy al despertar. Además despierto recordando la bellísima imagen del atardecer de ayer. La cima del monte de enfrente, iluminada por los últimos rayos del sol, presentaba un aspecto sublime. Una nube muy oscura, por detrás del monte, ensalzaba su altura, su belleza y su relieve.

Muchas veces en mi vida de monja he escalado ese monte con los ojos de la cara y los del alma. «Mi monte» lo llamo yo, mi atalaya, mi puesto de guardia. ¡Cuántas noches he despertado soñando, subida en el monte como vigía amorosa de este pueblo!

Hoy al despertar he sido invitada: *Súbete a un monte elevado, heraldo… Alza fuerte la voz, heraldo de Jerusalén. Álzala, no temas* (Is 40, 1-5). Mi voz no la alzo, ¡¡¡grito con la vida!!! ¿Qué digo, qué grito? Lo que la vida y la Vida dicen a mi oído: *Consolad, consolad a mi pueblo. Hablad al corazón de Jerusalén, gritadle* (Cf. Is 40, 1-11). Hermanos, poseemos muchos motivos de alegría. Demos un giro positivo a nuestras vidas. Si cambiamos la dirección de nuestra mirada, una luz nueva iluminará todos nuestros problemas y dificultades.

Yo soy la Luz del mundo, quien me sigue no camina en tinieblas (Jn 8, 12). La Luz se acerca, solo hace falta desear verla. La deseo como pobre y necesitada de que me ilumine por dentro y por fuera. Y me grito a mí misma, y me espabilo porque deseo mucho vivir alerta.

Esperar la venida del Señor… *Nosotros, confiados en la promesa del Señor, esperamos un cielo nuevo y una tierra nueva* (Cf. 2Pe 3, 8-14). Me creo la Palabra y me mantengo alegre, porque la veo venir en cada momento, vivo un permanente Adviento. ¿Cómo vivo yo este momento de la historia tan difícil y revuelto? A la luz y con la fuerza de la Palabra de hoy, puedo vivirlo abierta y expectante, preparada por María para engendrar en mi seno nuevo esa novedad que viene, que se acerca, y regalarla al Universo, a la Historia y a la Humanidad.

Voy a escuchar lo que dice el Señor: Dios anuncia la paz a su pueblo y a sus amigos: La salvación está ya cerca… La misericordia y la paz se encuentran… El Señor nos dará la lluvia y la tierra dará su fruto (Sal 84, 9-11; 13). Gracias, Señor, porque viniste, vienes y vendrás.

LUNES II DE ADVIENTO. 11 DE DICIEMBRE DE 2017

En el nombre del Padre, y del Hijo, y del Espíritu Santo.

Casi no he podido hacer la señal de la Cruz al despertar del susto que me he llevado. Señor, qué le pasa al amanecer.

Tremendos lamentos me han despertado. Abro la ventana, las palmeras están completamente desmelenadas y parece que se van a romper, Además llueve torrencialmente. *¡Vientos todos, bendecid al Señor!* (Dn 3, 65).

Estoy pensando, Señor, en medio de tanta música, que es al despertar cuando mejor me doy cuenta de que estoy apegada a tus preceptos porque Tú te has apegado a mi pobreza. Esto es un intercambio que se realiza en sencillez gozosa y clara. No admite muchas explicaciones, no las necesita.

Esto dice el Señor: el desierto y el yermo se regocijarán... Mirad a vuestro Dios... Viene en persona y os salvará (Is 35, 1-10). Nuestro Dios viene en todo momento, lo sé porque no aparto mis ojos del horizonte para verle venir. Es muy esperanzadora la lectura de hoy, la leo y escucho como nueva, porque es algo que Dios realiza constantemente.

Se despegarán los ojos del ciego, los oídos del sordo se abrirán (Is 35, 5). Cuando trato a gente de mente cerrada, sufro mucho porque veo lo que estas personas sufren sin necesidad. Pero yo estoy abierta para que ellos vean y oigan, espero por ellos...

Han brotado aguas en el desierto, torrentes en la estepa (Is 35, 1-4). Es impresionante sentir en las entrañas del alma brotar las aguas, dejarlas correr y quedar lavada. Lo he vivido siempre y lo vivo como gracia para los hermanos.

A ti te lo digo: ponte en pie, toma tu camilla y vete a tu casa (Lc 5, 17-26). En mis momentos de flaqueza siempre he sentido esta invitación del Señor: *Ponte en pie.* ¡Qué fuerza tiene esta Palabra! Siempre que la escucho tomo todas las tonterías en las que me he acostado, entro en mi casa interior, las considero y salgo como nueva a vivir de nuevo.

Señor Dios, la Palabra de hoy me pone a la escucha de tu Corazón, me coloca en mi monasterio interior y me adentra en la sabiduría con humildad, esperanza y alegría. Gracias, Señor, por tu mirada, tu misericordia y tu amor.

Gloria al Padre, y al Hijo, y al Espíritu Santo. Despierto, abro los ojos en presencia de la Trinidad Santísima. Señor, yo tan pobre... Fíjate, se me abren los ojos al despertar para verte. Mis ojos son muy grandes, son toda yo. Mis ojos van siendo Tú a fuerza de mirarme Tú y yo dejarme ver por ti.

Consolad, consolad a mi pueblo, dice vuestro Dios. Hablad al corazón de Jerusalén, Gritadle que se ha cumplido su servicio... (Is 40, 1-11).

Señor, al despertar soy toda oídos y gritos... Al comenzar el día soy toda ojos y gritos... Vivir en profundidad aviva mi olfato, mi paladar, mi tacto y mis gritos...

Al acabar el día soy en tu presencia y para la Humanidad, la Historia y el Universo, apertura total desde una inmensa pobreza. Por eso puedo cantar un cántico nuevo:

> *Todo me gusta,*
> *todo me encanta.*
> *Bella es la vida,*
> *Dios la regala.*
> *Vivo contenta,*
> *lloro con calma.*
> *Vivo la Pascua.*
> *Es todo gracia. Amén.*

MIÉRCOLES II DE ADVIENTO. 13 DE DICIEMBRE DE 2017

En el nombre del Padre, y del Hijo, y del Espíritu Santo. Señor, me asomo a mi cielo interior y contemplo todas las constelaciones que ha creado la huella de Dios en mi vida.

Alzad los ojos a lo alto y mirad (Is 40, 26). Pongo, Señor, los ojos en tus alturas y Tú me invitas a mirarte. Mi mirada está prendida en tu belleza, de tal forma, que mis ojos anchos y profundos te ven más allá de todas las cosas, y mi alma se ensancha para contenerte.

He salido al jardín a las siete de la mañana. Las estrellas y la luna, bellamente menguada, reciben mi visita y mi gratitud al Dios Creador.

Dios no se cansa, no se fatiga, es insondable su inteligencia. Me gusta volar por la mente de Dios contemplando su sabiduría. Esto produce una claridad que facilita el caminar hacia dentro de uno mismo sin fatigarse. *Los que esperan en el Señor renuevan sus fuerzas, les nacen alas como de águilas. No se cansan, no se fatigan* (Is 40, 29-31). Vuelo libremente por mi historia y respiro en el corazón de Dios que no se cansa de amarme, ni yo de ser amada, que es también una forma de amar. Soy gratitud en su presencia.

Me gusta mi historia y me muevo en ella como en un campo bendecido por Dios y sembrado de resurrección.

Señor Dios, *todo mi ser bendice tu santo Nombre y no olvida todos tus beneficios* (Cf. Sal 103, 1-2).

JUEVES II DE AVIENTO. 14 DE DICIEMBRE DE 2017

Yo, el Señor, tu Dios, te agarro de la diestra y te digo: «No temas, Yo mismo te auxilio»… No temas, gusanito de Jacob, oruga de Israel… Tu Redentor es el Santo de Israel (Is 41, 13-20).

Me impresiona mucho esta Palabra. ¡Qué tierno se muestra Dios, qué amoroso! *El Señor es cariñoso con todas sus criaturas,* dice el salmo 102, responsorial de hoy. Dios se abaja hasta nuestra insignificancia para levantarnos como personas, como hijos... Y, llegado su momento, se «desprende» del Hijo para prenderlo en nuestra carne. *Se despojó de su rango* (Flp 2, 6-11).

Algunos días hago *lectio* recordando mi trayectoria, mi pasado, como palabra de Dios que oigo con interés y amor. También como homenaje al Dios que guía mis pasos hacia mis montañas interiores. En ellas alumbra ríos de gracia, dice hoy la liturgia, y bellos manantiales en los valles de mis días bajos que Él con su amor levanta. Cuando atravieso situaciones de desierto, alivia mi soledad y fatiga en oasis con el frescor de aguas transparentes y sombras de palmeras para mi descanso.

Ahora vengo del Sagrario. ¡Qué rato de silencio tan bello he vivido! He entrado en mi corazón y he escuchado. Dios ha pulsado mis cuerdas y ha sonado su música. Me he arrodillado por dentro en acción de gracias. Me he emocionado...

Desde los días de Juan el Bautista hasta ahora, el Reino de los Cielos hace fuerza y los esforzados se apoderan de él (Mt 11, 11-15). ¿Qué fuerza hago yo para poseer el Reino de los Cielos? Un día en la *lectio* me di cuenta de algo muy importante: no se trata de que yo trabaje por ser perfecta a mi manera. Inmediatamente retiré mis pretensiones y comprendí...

El Reino de los Cielos es semejante a una monja que se puso a escuchar la voluntad de Dios. El Señor la tomó entre sus manos y la monja se dedicó a vivir con paz, alegría, amor y humildad desde su pobreza, mientras el Señor realiza su obra a su manera.

VIERNES II ADVIENTO. 15 DE DICIEMBRE DE 2017

En el nombre del Padre, y del hijo, y del Espíritu Santo. Buenos días, Señor, te saludo con cariño. Despierto con la alegría y gratitud de siempre.

Hoy doy gracias a Dios por mi madre en el aniversario de su muerte. El Señor me la dejó hasta que ella me puso en el camino de Dios con la sencillez de madre buena y cristiana. Me dejó en herencia, entre otras cosas, su gran sensibilidad. Magnífica herencia.

Gracias, Señor, por este día que me regalas para estrenar. Voy a despertar a la aurora con mi corazón convertido en instrumento musical. Y canto en acción de gracias por los hermanos que en este amanecer estrenan la vida del Reino, nueva y eterna. Gracias por los niños que en estos momentos pasan del seno materno a este planeta creado por tu Palabra. Que María los acompañe y ayude a crecer en sabiduría, estatura y gracia, sin dejar de ser niños. Gracias, Señor, por la muerte y por la vida, por el dolor y la alegría, por el amor y por la Pascua.

Yo, el Señor tu Dios, Te enseño para tu bien, Te guío por el camino que sigues (Is 48, 17-19). Me guías, Señor, por el camino: Cristo. Me he puesto a su alcance. Se ha apoderado de mí y ya tengo garantizada la luz de la VIDA.

El que te sigue, Señor, tendrá la luz de la Vida (Cf. Jn 8, 12), repetimos en el salmo responsorial de hoy. Y me lo creo. Me fío más de Dios que de mí, por eso camino tranquila: Él me lleva por sus caminos a su manera.

¿A quién se parece esta generación? (Mt 11, 16-19). Como no sé contestar esta pregunta, entro dentro de mí y me examino. En mi aposento interior escucho mejor la Palabra, la Vida y a mí misma. Me interesa mucho vivir de la Palabra de Dios que me enseña a llorar y a reír, a cantar y a callar, a morir y a vivir. Para mí esto es vivir plantada al borde de la acequia (Cf. Sal 1, 3), donde se dan frutos de alegría, paz, amor, santidad y vida eterna.

Señor Dios, ayúdame a ser positiva siempre, y a construir con amor y alegría.

El Poderoso ha hecho obras grandes por mí (Lc 1, 49). Hoy nos felicitamos por María, es sábado y Adviento, y en Ella me felicito yo, que también me encuentro grávida de la Palabra. Despierto muy festiva, celebro su fiesta y la mía, porque Ella me recuerda y me hace sentir una bella realidad: también yo salí y salgo en cada momento *de la boca del Altísimo* (Cf. Lm 3, 38).

Esta es la alegría que me toca vivir hoy en compañía de mis monjas. Salgo al claustro en busca del saludo del amanecer y la caricia en el rostro, que recibo con gratitud. Me abro toda por dentro y por fuera y espero en este día nuevas luces y nuevas gracias.

¿Por qué dicen los letrados que primero tiene que venir Elías? (Mt 17, 10.13). Pues, yo, de mi experiencia de muchos años, muy dolorosa algunas veces, digo: todos tenemos algo de Elías, algo de profetas, y algo dice Dios a través de nosotros. Tengo mucho cuidado de no callarme lo que deba decir, después de haberlo orado, porque ese silencio sería una tremenda irresponsabilidad, y falta de respeto al Dios que nos necesita para expresarse a través de nosotros. Mi amor a Dios, a los hermanos y a mí misma no me permite callar cuando deba hablar, después de haberlo orado. Dios nos ama y no se cansa de avisarnos cariñosamente. Siempre manda a alguien que avise. Pero, en cuanto el avisador actúa lo retiramos la mayoría de las veces.

Siempre miro a la persona que va delante en ideas, en virtud, la escucho como enviado de Dios, profundizo y oro lo que transmite. Cuando se reza y se tiene buena voluntad, es difícil equivocarse. Me da mucho respeto esto, pues podemos jugarnos la felicidad, la luz, la verdad, la vida y el futuro. Me encanta caminar entre profetas, descubrirlos, escucharlos. Creo que Dios mira complacido a quien los descubre y escucha.

Señor Dios, restáuranos, que brille tu Rostro y nos salve. Que tu mano proteja a tu escogido. No nos alejaremos de Ti, danos vida para que invoquemos tu Nombre (Sal 79) y lleguemos a la Navidad pobres como Jesús, María y José. AMÉN.

DOMINGO III DE ADVIENTO. CICLO B. 17 DE DICIEMBRE DE 2017

O Sapientia! ¡Oh Dios, Sabiduría Eterna! Despierto en la palma de tu mano. ¿Por qué sé que es la palma de tu mano? Por la anchura interior que me produce el saberme protegida y amada por Ti. Despierto con talante de resucitada. Me gusto. Y vivo para cantar al Señor, quererlo, celebrarlo, sentirlo en sencillez, y para contemplarlo en el santuario de mi corazón.

Me asomo al patio tan silencioso y solemne, al mismo tiempo tan vivo y bello, lleno de música, aroma y verdad. Cada rincón contiene infinidad de mensajes para toda la ciudad y para el Universo entero. Me siento transmisora de esos mensajes, que recojo cada día con mi oración, para todos los hermanos.

El Espíritu del Señor está sobre Mí (Is.61, 12). ¿Es verdad? ¿Me lo creo? Sí, claro, es verdad porque *me ha ungido con aceite de júbilo* (Is.61, 1) para compartir con mis monjas y con todos. Por eso *desbordo de gozo con el Señor y me alegro con mi Dios* (Is.61, 10). ¡Poseemos tantos motivos de alegría!

Creo que si Dios pudiera sentir tristeza, sería porque sus hijos no vivamos el gozo que la Virgen Madre de todos nos ganó con su Sí, tan fuerte que «arrancó» de la Trinidad al Verbo y lo engendró en sus entrañas. Esto es tan impresionante que siempre que lo pienso termino con el corazón arrodillado ante el Misterio.

Hermanos, estad siempre alegres. Sed constantes en orar... No apaguéis el Espíritu, no despreciéis el espíritu de profecía (Ts 5, 16-24). ¿Qué hacer para no apagar el Espíritu? Pasar por la vida, no superficialmente, sino profundizando en el Misterio, atenta al Espíritu que gime en mi interior con gemidos inefables (Rm 8, 26). Me estremece esto y me empuja a caminar por mi mundo interior donde descubro la fidelidad de Dios y en ella me apoyo. Esto me mantiene en pie en medio de las dificultades.

Para acoger el espíritu de profecía solo hace falta escuchar, escrutar los signos, buena voluntad y abrirse de par en par con respeto y amor.

Ven, Espíritu Divino, manda un rayo de tu luz desde el cielo, ilumina nuestras vidas, danos siempre tu consuelo. Danos tu sabiduría, tu paz, tu amor.

FERIA MAYOR. 18 DE DICIEMBRE DE 2017

¡Oh María, Madre de la Esperanza!

Desde la aurora de los tiempos Dios me creó, y permaneceré por los siglos de los siglos. Y mi Creador me dijo: Mora en Sión, sea Israel tu heredad para siempre. Allí me alcé como un cedro, como un ciprés, como palmera al borde de las aguas. (Tomado del discurso de la Sabiduría).

¡Madre de la Esperanza, del AMOR MÁS HERMOSO!

Ya es hora de despertar del sueño… La salvación está cerca (Rm 13, 11). Sí, voy en seguida… *Yo dormía pero mi corazón velaba* (Ct. 5, 2). Despierto alegre y salvada. *Mi Guardián no duerme* (Sal 15). María vela conmigo. Las dos nos hacemos cargo de todos los hermanos del mundo.

He vivido en profundidad la celebración de Laudes, como caminando con todos los hermanos hacia Dios. *Venid, subamos al monte del Señor. Él nos instruirá en sus caminos. Y de Jerusalén saldrá la Ley* (Is 2, 2-5). Caminemos todos en concordia. Así los pueblos se adiestrarán para la PAZ.

Es la hora del descanso de mediodía. ¡Gran silencio! El silencio que oigo me transmite mensajes de amor, pero no poseo palabras para expresarlo. Es algo muy limpio y transparente, lleno de Dios, de María, y de los hermanos... Es muy hondo, muy hondo...

Cuando me dirigía al coro para el canto de las Vísperas, los pájaros en el limonero preparaban la celebración con una bella obertura que me emocionó. Suavemente atardece y con mis oídos llenos de música paso al coro y en el patio sigue latiendo el Misterio.

¡Oh Adonai, Pastor de la casa de Israel, que te apareciste en la zarza ardiente y en el Sinaí le diste tu Ley! Ven a libertarnos con el poder de tu brazo (antífona del *Magníficat* de Vísperas). *Pastor de Israel, escucha* (Sal 79, 2). En mi corazón arden todos los sufrimientos. Deseo, Señor, que estas llamas sean la luz que nos guíe por tus caminos hacia Ti. *Venid, subamos al monte del Señor*, Él nos instruirá en su Ley. Líbranos, Señor, de las leyes que esclavizan, leyes humanas. Tu Ley libera porque es solo AMOR.

Bendito sea el Señor, Dios de Israel, el único que hace maravillas. Bendito por siempre su nombre glorioso. Que su gloria llene la tierra. AMÉN. AMÉN (Sal 72, 18-19).

FERIA MAYOR. 19 DE DICIEMBRE DE 2017

¡Ven, Señor! Te llamo aunque sé que estás aquí. Me gusta llamarte porque te deseo, te busco, te necesito, te espero dentro.

Me asomo al patio. ¡Qué bello lo veo bajo la luz de las estrellas! Luz que no deslumbra, embellece y crea misterio. Me ayuda a entrar en mi interior, muy hondo, con respeto a mí misma y a mi Huésped. ¡Dulce Huésped del alma!

Buenos días, María. Eres para mí la gracia de Dios hecha Mujer y Madre. Me ayudas a vivir mi vida en un continuo *Maranathá*, en vigilia permanente en esperanza. *Como los que esperan que el Esposo vuelva.*

El Salvador del mundo aparecerá como el sol naciente, como lluvia que empapa la tierra, descenderá del seno de la Virgen. ¡Aleluya! (antífona de Laudes). ¿Cómo experimento yo el contenido y mensaje de esta antífona, que me impresiona mucho? ¡El Sol Naciente en mi mundo interior, al final de mis noches, entre mis montañas!... ¡Oh! ¡La Lluvia que desciende y riega mi tierra interior, la ablanda y prepara para la cosecha que Dios desea!... ¡Oh!

Pero no sé decir nada. ¡Es tan hermoso! Difícil de explicar, pero muy sencillo de vivir. Se realiza en dolor y gozo, en oscuridad y luz, en no saber y en intuir... Se vive en quietud interior, en serenidad, en silencio, mucho silencio, en esperanza...

El Señor se deja sentir como brisa, como aroma... Es algo así como fuerza que sostiene... Y más adelante, cuando Dios quiere, solo se puede decir: ¡Oh, qué cerca ha estado de mí el Señor! Ha sido Él, no hay duda.

¿Por qué no lo dudo?

1º Porque he resistido. No por mi fuerza, ni por mis méritos, sino por la fuerza de Dios.

2º Por el respeto que a mí misma y a las personas que Dios ha tomado como instrumentos para realizar su obra en mí, y porque puedo amarlas como son.

3º Porque no me han quedado heridas, sino gratitud, gozo y libertad.

Una esperanza me acompaña siempre, danza en mi mundo interior: *Aquel día el Resto de Israel, los supervivientes de Jacob, se apoyarán sinceramente en el Señor, El Santo de Israel. Un resto volverá...*

¡Oh renuevo del tronco de Jesé, que te alzas como un signo para los pueblos...! ¡Qué bello el futuro! Lo veo, pero no ahora (Nm 24, 17).

FERIA MAYOR. 20 DE DICIEMBRE DE 2017

¡Señor! Despierto jubilosa en mi pobreza, porque tu Ángel es rocío de luz y pone en mi despertar irisaciones que genera su esplendor. Los astros del cielo cordobés me esperan, voy a saludarlos. Todavía les queda un buen rato para seguir brillando. Me asomo al cielo y recojo la lección de humildad de las estrellas, cuando se retiran silenciosamente al aparecer el sol. Escucho con atención, porque la naturaleza realiza sus funciones con música sinfónica. También nuestro cuerpo es un instrumento musical cuando lo toca el Espíritu de Dios. Afina todas mis cuerdas, Señor. Si las personas dedicáramos un rato cada día a escuchar estas músicas, habría más felicidad en el mundo, desaparecerían las guerras, las tensiones, las ambiciones...

Me impresiona mucho María Santísima, por el SÍ que pronunció en un momento tan difícil que le tocó vivir. Ese SÍ se prolonga a través de la historia sosteniéndola con su fuerza y adornándola con su belleza. Muchas veces, a la luz de María Santísima, pienso en mi sí. El sí de aquel día que solo Dios y yo conocemos, más Dios que yo. Un sí sencillo y dramático al mismo tiempo. Un sí que renuevo y acaricio cada día, y dejo confiada en las manos de María Santísima.

O Clavis David! Veo a María como Llave que abrió la puerta del cielo con su SÍ, que engendró al Hijo y sacó de la esclavitud a todas las personas de todos los tiempos. Deseo ser consciente de la grandeza de este misterio, vivir en él y ser fuerza y luz para que los hermanos entren en él, crean y vivan en la libertad que solo Dios puede dar.

¿Quién puede subir al Monte del Señor? (Sal 24, 3). Yo puedo subir a tu Monte Santo:

Porque *te pido vida y me la concedes* (Cf. Sal 20, 5).

Porque *tomas mi mano derecha y me guías según tus planes* (Sal 73, 23-24).

Porque canto mi vivir y *me colmas de gozo en tu presencia* (Sal 16, 11).

Porque me abres a la vida y *me manifiestas tu oculta Sabiduría* (Sal 50, 8).

Porque *puedo contar tus hazañas* y recibir la fuerza de tus entrañas (Cf. Sal 144, 12).

Porque pactas conmigo y yo me alío Contigo...

¡Puedo subir a tu monte santo, Señor!

María: ¡bendito el fruto de tu vientre! ¡Bendita yo!, pues la vida de Jesús que alienta en mí ha sido engendrada con Él en tus entrañas. Bendita Tú, María, que has creído y tu fe nos ha salvado. Gracias, María, por los siglos.

Mirad: ¡es mi Amado! Ya viene, saltando por los montes, brincando por las colinas... Mirad: atisba por las ventanas, observa tras la celosía (Ct. 2, 8). Precisamente, Señor, soñaba tu presencia y al despertar veo que es realidad. ¡¡Oh!! *Levántate, amada mía...* (Ct. 2, 10) Voy, Señor, voy en seguida... *Déjame ver tu figura...* (Ct. 2, 14). Aquí estoy, Señor. Conozco tus deseos y tu voz que me invita a cantar un cántico nuevo.

Cantar un cántico nuevo supone abrirme a tus proyectos. Entrar en el plan tuyo que subsiste por siempre. Para entrar en tus planes y tus proyectos, solo hace falta mirar a María y *hacer lo que Ella me diga* (Cf. Jn 2, 5).

O Oriens, splendor lucis aeternae, et Sol Iustitiae: veni et illumina sedentes in tenebris et umbra mortis!

Miro a María, veo resplandecer su vientre y siento que danza en mis entrañas ese Algo Nuevo que desea nacer: *Algo nuevo está naciendo, ¿no lo veis?* (Is 43, 19), nos dice el Profeta. Es el Sol Naciente, Esplendor Eterno, Sol de Justicia...

María, llena de gracia y alegría mesiánica, con su entrega plena al proyecto de Dios, hizo posible la salvación.

Con mi pobreza y la gracia de Dios, de la que poseo una buena porción, con mi alegría y esperanza, puedo yo hacer posible que la Novedad de Dios tome cuerpo y nazca el Brote Nuevo que tanto deseo. El «RESTO».

Rorate caeli desuper, et nubes pluant Justum!
Nolite timere: quinto enim die veniet ad vos Dominus!

Te alabo, Señor, al despertar. Amaneces sobre mí y me regalas amanecer en tu presencia. Pones en mi vida el color de tu realidad y se expande mi vivir en gratitud y alabanza al recibir el día nuevo. Salgo al claustro, miro al cielo. Es hermoso vivir esta maravilla. Me gustaría poder expresar lo que siento y vivo en medio de este silencio tan elocuente y tan bello. Todo es quietud mística, profundidad sublime. Impresionante misterio. Armonía… En esta penumbra del amanecer, la quietud del momento, la expectación, mi sentir… ¡Oh! Quisiera, Señor, saber expresarme para compartirlo, porque es un regalo tuyo que no puedo guardarlo para mí sola. Como no sé, lo vivo intensamente en la seguridad de que Tú lo harás llegar a los hermanos a tu manera.

Vuelvo de Laudes. He quedado un rato en el patio gustando lo que he vivido. En este ambiente se interioriza todo con facilidad. Me ha tocado cantar la antífona 3ª de Laudes. Cada año me impresiona de distinta forma: *Yo miro atento al Señor, espero en Dios mi Salvador* (Mq 7, 7).

Creo que lo mío es vivir con *los ojos puestos en el Señor* (Sal 25, 15; Hb 12, 1), para no perder el norte, porque veo mucha desorientación y pienso: ¿no será que Dios nos ha dejado a nuestro aire para que comprendamos que cuando nos apartamos de su voluntad somos unos desgraciados?

Cuando tu saludo llegó a mis oídos, la criatura saltó de alegría en mi vientre (Lc 1, 41). Cuando María y yo nos saludamos en el rezo del Ángelus, la Humanidad entera se goza en mi corazón, *y se alegra mi espíritu, en Dios mi Salvador*.

¡Oh Rey de las naciones y deseado de todos los pueblos… Piedra angular de la Iglesia!… ¡Ven y salva al hombre que formaste de la tierra!

En el rezo de Sexta me llamó la atención la frase del salmo 118: *Tus manos me hicieron y me formaron*. Te felicito, Señor, por tu obra: te salió muy bien, al menos yo me gusto. Sé que soy una calamidad, pero Tú estás siempre a punto para restaurarme y yo me dejo, con mucho placer.

Te pido, Señor, constantemente que nos repares a todos. *Restáuranos Señor Dios nuestro, que brille tu rostro y nos salve* (Sal 79).

Señor Dios, parece que el mundo va a la deriva. Esto me duele mucho. Pero mira, Señor, yo soy todos los hermanos del mundo, y Te miro atenta. Mis ojos los tengo puestos en Ti siempre. No olvides que yo soy todos los hermanos del mundo. Escúchame, por favor. AMÉN.

FERIA MAYOR. 23 DE DICIEMBRE DE 2017

¡Gracias, Señor! Es un gozo poder hablar Contigo al despertar. Lo que me sale del corazón, más que palabras es música: la melodía del silencio. Este es el momento de la gratitud, de la humildad, porque mi descanso y tu vigilia me purifican. Intuyo que mi acoger la Vida, mi respirar, es palabra sencilla en tus oídos, imagen transparente a tus ojos, gusto de verdad en tu paladar. En tu olfato aroma de *huerto cerrado* y en tus manos frescor de *fuente sellada* (Cf. Ct. 4, 12). Todo eso es lo que Tú me regalas y María Santísima me enseña a guardar en mi corazón, para prepararme a recibir al Señor que llega con todos los hermanos del mundo. Al despertar abro mis sentidos a la Sabiduría y a la Luz para que se encarnen en mí.

Quedan unos minutos para que suene la campana llamando a Laudes. Paso por el patio, duerme en el más profundo silencio. Descubro la Osa Mayor. Bellísima. Se encuentra recostada en medio del cielo proclamando la gloria de Dios. *Mirad, yo envío a mi Mensajero, para que prepare el camino ante Mí* (Mal 3, 1-4). Dios nos envía mensajeros siempre. Nos traen lo mejor para la vida humana y divina, los escucho, aunque sean molestos. Recibimos vida, verdad, alegría, plenitud, cuando nuestra vida se abre a los mensajes y avisos de Dios.

Levantad la cabeza, se acerca vuestra liberación (salmo responsorial, 24). Para vivir la liberación que Dios desea hemos de dejar que Dios nos limpie por dentro: *Será fuego de fundidor, lejía de lavandero* (Mal 3, 3). Yo puedo decirlo muy alto porque lo he experimentado con la vida, por lo que doy gracias a Dios pues me ha liberado por dentro y por fuera. La alegría de mi corazón, la paz de mi alma, el *poder decir al abatido una palabra de aliento* (Is 50, 4)..., eso es Emmanuel: Dios-con-nosotros. *Una virgen está encinta y dará a luz un hijo y le pondrá por nombre Emmanuel* (Is 7, 14).

Entonces el Resto de sus hermanos volverá a los hijos de Israel. Él se alzará y pastoreará el rebaño con la fuerza de Yavé. Habitarán seguros porque extenderá Él su poder hasta los confines de la tierra, y Él será la paz (Mq 5, 1). Es cuestión de creer la Palabra para que se cumpla. Dios está con nosotros. ¿Cómo? Si entro en mi mundo interior, profundizo y descubro lo que el Dios de la vida ha realizado en mí, no tengo más remedio que creer... ¿Qué es lo que Dios ha hecho? Mi paisaje interior es bello y no lo he creado yo, lo disfruto sencillamente y con gratitud. El gozo, la paz, la belleza de todo lo que me rodea, no lo he creado yo. El espacio en el que me muevo, el tiempo en el que vivo, los hermanos a los que amo, no los he creado yo.

Juan es su nombre (Lc 1, 57-66). A Zacarías se le soltó la lengua cuando vio el milagro realizado en su mujer anciana y estéril. ¿Qué me dice esta Palabra? Para que se me suelte la lengua y la vida, he de entrar en el fondo de mí misma y escuchar al Dios que vive en mí. Dios necesita nuestra lengua dispuesta y nuestra vida, para darnos unos a otros los mensajes que Él desea que recibamos. Si viviéramos esto, ¡qué riqueza! Sentiríamos a Dios caminar junto a nosotros.

Señor Dios, ayúdanos a vivir esta Navidad unos en las entrañas de los otros, y todos en Belén, con la sencillez de los pastores. AMÉN.

DOMINGO IV ADVIENTO. CICLO B.
24 DE DICIEMBRE DE 2017

Buenos días, *Abba.* ¡Qué bello mi despertar, porque al abrir los ojos Te descubro contemplándome! Te me has adelantado: mi intención era contemplarte yo primero. ¿Cómo noto que me contemplas? Es algo especial que siento dentro, lo traduzco como seguridad en tu presencia, felicidad y gozo de estrenar un nuevo día, tan cercano ya al Día en el que una vez al año celebramos tu Nacimiento, aunque siempre estás naciendo, Señor.

En estos días me gusta felicitar a la Humanidad, al Universo, y a la historia porque existimos en el Hoy de Dios pronunciado por el Hijo desde la aurora de los siglos.

Sobre todo felicito a María, blanco perfecto de la mirada del Señor. *¡Alégrate, llena de gracia. El Señor está contigo; bendita tú entre las mujeres* (Lc 1, 26-38).

¿Qué me dice a mí este mensaje del Ángel? Me desbordo en gratitud porque, en María y por Ella, también esta Palabra se cumple en mí. Lo vivo de una forma muy sencilla, hace ya muchos años me di cuenta de que soy muy pobre y es Dios Quien lo hace todo en mí; yo solo sé dejarle realizar Su obra.

Hágase en mí según tu palabra. ¿Cómo? Dejo que el Señor lleve mi historia, lo único que he de hacer es permitirle que me despoje, goce de mi pobreza y me transforme en el Hijo. Yo recibo su mirada y su voluntad abierta ante el Misterio. Y gozo de su misericordia, su grandeza y su poder, porque *para Dios nada hay imposible* (Lc 1 26-37).

Señor, me retiro a descansar preparada para vivir la Navidad con alegría, y escuchando esta Palabra como dicha a mí: *Filius meus es Tu, Ego hodie genui Te!* (Sal 2, 7).

Lectio Divina en
Tiempo de Navidad

NOCHE DE DIOS. NATIVIDAD DEL SEÑOR.
24 DE DICIEMBRE DE 2017

Hoy sabréis que viene el Señor y mañana veréis su gloria (Invitatorio)

¡HOY, DÍA ETERNO!

En Dios solo existe un día: HOY.

Felicito a DIOS en su DÍA.

Felicito a la Humanidad, al Universo y a la Historia, porque existen en el DÍA de DIOS, pronunciados por el HIJO desde la aurora de los siglos.

Esto es impresionante, no sé cómo puedo escribirlo. ¡Qué misterio!

Me felicito porque puedo volar por el Misterio con alas desplegadas... No lo abarco... Pero el Misterio me acoge a mí.

¡Volar, volar! ¡Qué suerte la mía! Alas y vuelos de gratitud.

Felicito a la Iglesia y a cada hermano de todos los tiempos y pueblos, de todas las razas, lenguas y naciones.

Felicito a todos los sacerdotes, en especial a los más cercanos que conozco y amo.

Felicito a los más pobres, los que sufren soledad y toda clase de enfermedades, los despojados, predilectos del Despojado.

Felicito a María, blanco perfecto de la mirada de Dios… Y a José… Y al NIÑO, despojado de su rango… ¡Es impresionante! ¿Cómo puedo escribir esto?

Dominus dixit ad me: Filius meus es Tu, Ego hodie genui Te (Sal 2, 7).

NAVIDAD. 25 DE DICIEMBRE DE 2017

El Verbo se hizo carne y acampó entre nosotros (Jn 1, 14).

Padre Dios, me impresiona, al despertar, el color de tus ojos, tu luz, tu verdad y tu amor. Esto lo veo con los ojos del alma abierta en tu presencia. ¿Por qué ese color encarnado de tu mirada hoy, Señor? ¿Será porque el Hijo se ha «desprendido» de la Trinidad? ¡Qué misterio! Es un misterio de «dolor-gozo-amor». El misterio del amor de Dios no puedo alcanzarlo, pero me lanzo, atrevida, por ese camino intentando profundizar más y más en ese Misterio adorable. Sí, me impresiona mucho el color de tus ojos, Señor. Tu luz, tu verdad y tu amor me envuelven y me conducen en pura esperanza, hacia tu Reino de belleza, de luz y de paz. Me siento profundamente atraída por la Encarnación de tu Hijo.

En distintas ocasiones y de muchas maneras, habló Dios a nuestros padres por los profetas. En esta etapa final nos ha hablado por el Hijo (Hb 1, 1). ¡Misterio del Amor! ¡Ver a Dios tan pendiente de nosotros, tan ocupado en amarnos! Durante toda la historia procura atraernos con cuerdas de amor. No se cansa… Nos ha escrito una carta amorosa, la Biblia, para que nos enteremos de cómo es Él y lo que desea. Al llegar la plenitud de los tiempos, la Trinidad se «desprende» de la Segunda Persona... Deseo ser muy consciente de esta realidad para no fabricarme ídolos que me impidan vivir el Misterio.

A través de toda la historia Dios ha tratado de comunicarse con sus hijos de todos los tiempos. Les ha mandado mensajes con sus profetas. No se les ha escuchado. Han sido asesinados o retirados. Pero Dios no se ha cansado de enviarnos sus noticias. Ni nos hemos cansado de retirar a sus mensajeros. Su amor sin límites no lo entendemos. Y Dios sigue mandando mensajeros hasta hoy, sigue amándonos...

El mundo fue hecho por Él y el mundo no lo conoció. Vino a los suyos y los suyos no lo recibieron (Jn 1, 10-11). Todo esto me impresiona tanto que no sé decir nada, solo puedo intuir el amor de Dios tan diferente del nuestro. Su amor es un océano inmenso, infinito... Las generaciones, los imperios nacen, llegan a su plenitud, decaen y mueren. Dios permanece. Esta generación nuestra se encuentra en trance de profunda purificación, y transformación. Si no responde a las llamadas de Dios se descompondrá y será el abono que alimente el brote nuevo de una nueva generación... *Algo nuevo está naciendo. ¿No lo veis?* (Is 43, 19).

Vengo del patio central, bellísimo en este momento. Lo veo envuelto en una luz y un aroma de misterio. Sencillamente abierto a lo que le caiga: la lluvia, la oscuridad, el viento... Así deseo yo estar ante Dios.

Señor Dios, hoy te pido perdón por todos los hermanos de todos los tiempos, por todos los pecados cometidos en la historia. Te doy gracias porque conoces nuestro corazón, *te acuerdas de que somos barro* (Sal 103, 14). Danos el poder de profundizar en tu Misterio y acoger tu amor para que podamos salir de nuestras tinieblas y de las trampas que nos tiende el mal. Gracias, Señor, porque no te cansas de amarnos. AMÉN.

En cuanto el saludo de mi ángel llegó a mis oídos (Cf. Lc. 1, 44), he despertado y me he abierto toda en la presencia de Dios.

La fe, la esperanza y el amor son las puertas que se me abren cuando mi sueño termina y recupero la consciencia. Por ellas salgo al encuentro del Amado, de mí misma y de los hermanos.

Me he asomado al patio desde el claustro de arriba. Un frescor agradable acaricia mi rostro como una bendición de Dios. Es una gracia especial comenzar así el día. Y pensar en todos los hermanos.

Al caminar hacia el coro, para la celebración de Laudes, he visto que ha llovido. El patio parece un espejo, un lago muy profundo. Me asomo un poco y veo todo el patio reflejado en el fondo del lago. Me ha parecido inmenso, bellísimo. ¿Qué me dice a mí esto? He de bajar al fondo de mí misma para descubrir la belleza que Dios desea mostrarme: profundidad, transparencia... En la superficie es muy poco lo que se ve y se recibe.

Cuando os arresten no os preocupéis de lo que vais a decir o cómo lo diréis: en su momento se os sugerirá lo que tenéis que decir. No seréis vosotros los que habléis; el Espíritu de vuestro Padre hablará por vosotros (Mt 10, 17-22).

El Evangelio de hoy nos habla de conflictos, enfrentamientos y hasta muerte... Jesús vino a darnos la vida, la salvación. ¿Por qué quien desea seguirle de verdad se ve envuelto en tanto sufrimiento y soledad? Precisamente por causa de los buenos. Dios nos libre de los fundamentalismos, de la cerrazón de los corazones y de las mentes.

Constantemente intento renovar mi vida en favor de todos los hermanos para que alcancemos la realidad de Belén. Evitaríamos muchas «cruces», creo yo. Solo es necesario vivir en profundidad, anchura y altura el Evangelio.

Aunque seamos defectuosos y pobres, podemos ser libres y fieles al Evangelio, ¡claro que sí!

Señor Dios, Tú eres luz sin tiniebla alguna (Cf. Jn 1, 5). Deseo mucho vivir en tu Luz para crecer unida a todos los hermanos y al Universo, y embellecer la Historia. Con tu bendición me retiro a descansar. AMÉN.

SAN JUAN EVANGELISTA. 27 DE DICIEMBRE DE 2017

Hoy despierto bastante dolorida, Señor. Pero es un dolor que hace posible una Navidad más real compartiendo aquellos momentos tan dolorosos que vivieron María y José en un trance histórico, tan importante para la salvación del mundo.

Me duele mi Orden Jerónima. Me duelen cada uno de sus monasterios con todos sus problemas. Me duelen la Iglesia, los sacerdotes, la Vida Monástica y todos los consagrados. Me duelen los gobernantes y los políticos, sobre todo los corruptos. Me duelen los terroristas y sus víctimas, los encarcelados, los condenados a muerte, los que huyen de sus países, los refugiados. Me duelen los drogadictos, los extraviados, los maltratados, los que sufren dando la vida y no son comprendidos. Me duelen los ancianos en soledad, los matrimonios separados y sus hijos abandonados, los que carecen de afecto y cuidados... Me duelo yo que soy una calamidad, pero no tengo importancia.

Señor, Tú lo ves todo salvado, vivo en esperanza y lo entiendo como paso tuyo, muy especial, por este momento de la historia. *Algo nuevo está naciendo* (Is 43, 19). Tú, Señor, lo ves todo salvado. Aquí intuyo una profundidad inmensa que no sé expresar. Solo sé decir: lo que intuyo es la proyección infinita de la Pascua... Vida, Muerte, Resurrección... En esto participamos todos. Y todos, lavados, purificados en la PASCUA, aunque no seamos del todo conscientes de esta grandeza, formamos una unidad con Cristo en la TRINIDAD...

Nuestro Dios es un Dios que salva, Él nos hace escapar de la muerte (Sal 68, 20). Esta realidad me pone en pie en los momentos difíciles.

Vio y creyó (Jn 20, 8). Yo he visto, por eso creo. ¿Qué he visto? He descubierto la misericordia de Dios en el fondo de mí misma. Lo he visto cuando ha iluminado mi oscuridad y me ha sacado de ella, cuando me ha perdonado. Lo he visto pasearse por mi historia como propiedad suya. Camino sobre la palma de su mano.

Lo que existía desde el principio, lo que hemos oído, lo que hemos visto con nuestros ojos, pues la Vida se ha hecho visible, os lo anunciamos para que vosotros estéis en comunión con nosotros, y nuestro gozo sea completo (1 Jn 1, 4).

La Palabra es vida: *Escucha, Israel, las normas que yo os enseño a fin de que viváis* (Dt 4, 1). *Porque no es una palabra vana, es vuestra vida* (Dt 32, 47). La palabra de hoy me impresiona mucho. ¡Qué profundidad! *No solo de pan vive el hombre, sino de toda palabra que sale de la boca de Dios* (Mt 4, 4).

SANTOS INOCENTES. 28 DE DICIEMBRE DE 2017

Buenos días, niños de todo el mundo. Esta noche he soñado que me encontraba con todos vosotros junto al Pesebre de Jesús.

La noche susurra su mensaje en mi soñar. Su música pasa por mis oídos hacia mi corazón donde residen todos los niños del mundo.

La fuerza de la luz me atrae desde el horizonte al despertar. La luz de la «brecha» donde Dios me ha colocado, me invita a seguir esperando *los cielos nuevos y la tierra nueva* (Cf. Is, 65, 17; Ap 21, 1) donde los niños crezcan en la dirección de la Vida.

Hoy viviré el día en homenaje a los Ángeles de todos los niños, para que los cuiden y encaminen por el *Camino vivo y nuevo* (Hb 10, 20), que es Jesús el Señor, amigo de los niños. Esto lo veo muy necesario y urgente. Me interesa mucho que los niños de hoy, en los que Dios ha puesto sus ojos, transformen el mundo viejo en la novedad del Señor.

Mis ojos derraman abundantes lágrimas por tantos niños, «mis hijos», malogrados y explotados de formas tan trágicas: niños vendidos, prostituidos, niños de la calle, niños esclavos, niños soldado, etc. Herodes sigue actuando implacablemente de muchas maneras.

Señor Dios, en este día de los Santos Inocentes, mis lágrimas caen y se rompen junto al Pesebre donde Te contemplamos hoy. Haz que al estallar mis lágrimas se conviertan en estrellas nuevas que iluminen los corazones de los niños y las mentes de los adultos. AMÉN.

QUINTO DÍA DE LA OCTAVA DE NAVIDAD.
VIERNES 29 DE DICIEMBRE DE 2017

Buenos días, Padre Dios. Despierto orando mi vida. Me gusta orar mi vida en tu presencia, Señor de la vida. Tú esperas ver mis ojos abiertos y recuperada mi consciencia para decirme: *Me robaste el corazón, hermana mía, esposa, me robaste el corazón con una mirada de tus ojos* (Ct. 4, 8). Al escuchar tu voz canto la vida que recibo de Ti, la acaricio, la saboreo, la vivo. También me gusta viajar por el fondo de mí misma. Soy infinita, no me abarco. Investigo tu obra en mí y la búsqueda me lleva más allá, más adentro… Tú, oh Dios, tiras de mí. Es muy difícil expresar esto. No importa, estoy convencida de que lo esencial es vivir en fidelidad y en verdad, así la vida se expande. ¡Qué alegría!

Las tinieblas pasan y la luz verdadera brilla ya (Jn 2, 3-11). Cuando se espera en el Señor con el alma abierta entra la luz hasta el fondo. Sentir que la luz me ensancha, me purifica, me vivifica y me pone en marcha hacia dentro de mí con todos los hermanos es un misterio de dolor-gozo-amor. Esto tiene poca explicación y mucha vida dentro.

Será una bandera discutida (Lc 2, 22-35). Ahora, a mis años, recordando, a la luz de la Palabra, momentos importantes vividos, sobre todo situaciones de incomprensión y soledad, solo sé dar gracias a Dios por todo lo que Jesús ha vivido en mí. Por todos los instrumentos humanos que ha utilizado para hacerme de su condición divina.

Hoy he hablado con tres compañeras mías del hospital donde ingresé a los 18 años, me han dicho que me recuerdan con mucho amor y me lo han repetido varias veces. Bastantes conocidos de mis tiempos jóvenes me buscan ahora y todos me dicen lo mismo. Esto me impresiona mucho, porque es una prueba de que el amor de Dios funciona. Es importante que nos demos cuenta de esta realidad. Entre todos hacemos, aunque no seamos del todo conscientes, que el AMOR llene el Universo, la Humanidad y la Historia.

SEXTO DÍA DE LA OCTAVA DE NAVIDAD. SÁBADO 30 DE DICIEMBRE DE 2017

En la primera lectura dice hoy San Juan: *Os escribo a vosotros, jóvenes, porque sois fuertes, y la palabra de Dios permanece en vosotros* (1 Jn 2, 14). Esto va para mí también y lo tomo con ilusión. ¡Es impresionante la fuerza de Palabra!

He despertado pensando que vamos a estrenar un año nuevo. Esta noche he soñado con la realidad del estreno. Me encanta. Espero y sueño la novedad que Dios nos prepara.

Vuestros ancianos soñarán sueños, dice Joel 3, 1. Pues yo soy «joven» y también sueño. Esta noche he soñado que soy fuerte, y es verdad: ¡Dios fortalece mi debilidad!

Sueño que Jesús, en mi templo interior, me explica las Escrituras y es verdad: ¡siento *arder mi corazón*! (Cf. Lc. 24, 32).

Sueño que *algo nuevo está naciendo* (Is 43, 19), y es verdad: ¡Dios me regala intuición y luz para verlo, alegría para esperar que se acerque!

Sueño que *la misericordia de Dios llena la tierra* (Sal 32, 12; 18, 20), y es verdad: ¡yo la siento sobre mí!

Sueño y veo a Dios caminando junto a nosotros en el próximo año, y es verdad, porque no puede retirarse. ¡Qué suerte!

Sueño con hacer mi vida sencilla y crecer en el amor.

Sueño con poner vida y sabor, alegría y color en la vida de todos los hermanos.

Sueño que no termino de soñar y es verdad, porque la realidad es el «sueño de Dios hecho Carne». ¡Oh!

Sueño con María, Gloriosa Mujer. Estos días estamos en fiesta, la gran fiesta de la historia, porque María nos ha dado al Salvador.

Te felicito, María, y me felicito al celebrar con gozo este Misterio que no me cabe en el cerebro, pero se desborda en mi corazón. «Dichosa eres, María, porque de Ti vino la salvación del mundo. Tú que ahora vives ya en la gloria del Señor, intercede por nosotros ante tu Hijo». AMÉN. (Primera antífona de Laudes del Oficio de Santa María).

FIESTA DE LA SAGRADA FAMILIA. DOMINGO 31 DE DICIEMBRE DE 2017

Aquí estoy, Señor. Despierto especialmente contenta. Tengo muchos motivos de alegría, pero el más grande es sentirte cerca. ¡Gracias, Señor, por la sensibilidad que has creado en mí! Esta es la fuerza que me ayuda a poder con todo. Con tu permiso, Señor, me voy a recorrer el mundo para ponerme al lado de todos los hermanos, especialmente de los que sufren, los más necesitados, los olvidados.

Ahora escucho el Invitatorio del Oficio de Santa María, Madre de Dios, desde un monasterio de Centroeuropa. Los monjes cantan muy bien, me gusta mucho el gregoriano, me introduce profundamente en la fiesta de mañana, desde ahora.

Antes de pasar al coro para la celebración de Laudes me he detenido un rato en el patio. ¡Impresionante momento de belleza especial! Encendidas, a baja intensidad, todas las luces de los claustros, se crea un ambiente de misterio que me emociona. Silencio, quietud, armonía, música callada, soledad sonora. ¡Belleza sublime, aroma de gloria!

Suena la campana, me dirijo al coro para el Canto Nuevo. Y mientras camino, con mi paso lento, digo al Señor: ¡algo así debe ser la *suite* del cielo! Pienso que la alegría y la gratitud que vivo dentro me permiten descubrir tanta belleza.

Este es mi balance del último día del año:

He vivido con mucha sencillez, mi meta es mirar hacia dentro de mí misma y encontrarme con la mirada de Dios. Verme con sus ojos. Esto es muy sencillo, se complica al querer expresarlo. Él lo realiza todo en mí. Su voluntad la sufro-gozo-amo… Esto me simplifica para caminar en su presencia con alegría, confianza y esperanza. Él me hace monja, y mi tarea es vivir para los demás, crecer con los hermanos, ser con todos.

SOLEMNIDAD DE SANTA MARÍA MADRE DE DIOS. 1º DE ENERO DE 2018

Aquí estoy, Señor, para empezar el Año Nuevo con alegría. Te felicito por María, tu Obra Maestra, y felicito a María porque se dejó invadir del Espíritu.

Gracias, Señor, porque me permites estrenar un nuevo año y vivir la alegría de sentirte hecho carne como la mía. Nos amas hasta el extremo de bajar de tu Trascendencia para caminar con nosotros. Haznos conscientes y agradecidos.

Felicito de nuevo a María, la Protagonista de hoy, de la que he aprendido a guardar en mi corazón todas las cosas. Y me felicito yo porque María y Dios han puesto sus ojos en mí gratuitamente, y me ayudan a vivir de lo fundamental. Una de las cosas que considero fundamentales es acoger la belleza que Dios me regala y vivir de ella con gratitud al Creador de toda belleza.

Cuando pasé por el patio hacia el coro para la celebración de Laudes, me detuve a escuchar el silencio, a recibir la caricia matutina y sentir la respiración de Dios tan cerca. ¿Cómo no vivir en gratitud cuando Dios tanto ama?

María conservaba todas estas cosas meditándolas en su corazón (Lc 2, 19. 51). De Ella he aprendido a guardar en mi interior todos los acontecimientos de mi vida y a vivirlos como historia de salvación. María me ha enseñado a dejarme modelar por Dios. Él me educa como un padre a su hijo. Me interesa mucho esto, porque enseña desde una profundidad liberadora. Se diferencia de otras formas de educar que, a mi parecer, se realizan desde una superficialidad esclavizadora. La educación de Dios introduce en la realidad de la vida, crea fidelidad y armonía, a pesar del dolor que supone vivir en la verdad. El Padre enseña a mirar la realidad en plena claridad, sin taparnos, sin escandalizarnos, sin juzgar, sin condenar, sin exigir... Siempre desde el amor. A Dios le gusta la formación integral.

Señor, ¿no me estaré «pasando»? Me interesa mucho que todos vivamos al estilo de María: Ella se encuentra totalmente abierta para que la contemplemos y aprendamos a guardar en el corazón todo su vivir, y nuestro paso por la vida sea alegre y fecundo. Semejante al suyo.

Vengo del patio, donde he vivido un rato hermoso. He paseado por los claustros gozando la claridad de la luna llena. ¡Silencio monástico en medio de la noche, soledad, belleza! ¡La noche es clara como el día! ¡Aquí está Dios!

Despierto «en el nombre del Padre, y del Hijo, y del Espíritu Santo» que me regalan, cada día, unos ojos nuevos y muy grandes, como *los confines de la tierra*, con los que puedo *contemplar la victoria de nuestro Dios* (Sal 97, 3).

Abro la ventana. ¡Oh! Anoche vi la luna preciosa y grande que subía del oriente. Ahora, después de su viaje nocturno por el cielo, me espera en el occidente para saludarme la primera. ¡Qué maravilla!

Salgo al claustro y en medio de la penumbra me envuelve el Misterio. Me asomo al patio, escucho y pienso: no necesito grandes extensiones para vivir ancha, cómoda y alegre, porque en la belleza de este espacio, aparentemente tan reducido, cabe el Universo, la Humanidad y la Historia que contemplo con mis grandes ojos.

¿Quién eres? ¿Qué dices de Ti mismo? (Jn 1, 19-28). ¿Qué me dice a mí esta Palabra hoy?

Hace unos días me visitó un matrimonio muy amigo mío para felicitarme el Año Nuevo y hablar un rato conmigo. Me preguntaron: «¿Qué cargo desempeña V. en la comunidad?». «Mi cargo es muy importante —respondí—, lo vivo con soltura y alegría: soy monja, y desde el monasterio, en silencio, camino al paso de Dios con todos los hermanos del mundo. Soy importante porque es Dios el que me hace monja nueva cada día. ¡Qué bello es ser monja!».

En medio de vosotros está (Jn 1, 26). Esta advertencia de Juan me impresiona mucho y siempre me la he tomado en serio dedicándome a buscar a Jesús en medio de nosotros. Lo he encontrado en mí, en los hermanos, en los acontecimientos; en el dolor, en la alegría, en el silencio, en la música, en la belleza, en el Universo, en la Historia... *En medio de nosotros está.* ¡Es verdad!

Buenas noches, Señor Dios. Me retiro a descansar escuchando tu susurro en los acontecimientos de hoy... Me gusta el silencio que me permite escuchar. También me gusta leerte en los hermanos. Y Te leo en mi propio corazón. ¡Cuántas cosas aprendo de lo que Tú escribes en él! ¡Gracias, Señor!

MIÉRCOLES DE NAVIDAD. 3 DE ENERO DE 2018

Comienzo ya, Señor, a disfrutar con gratitud este día nuevo que la noche ha dado a luz para mí. Y recuerdo en tu presencia a todos los hermanos del mundo, todos sin que falte ninguno. Soy muy pequeña, pero todos me caben dentro. ¡Misterio del Amor!

Me abro al día nuevo recibiendo tu Palabra que canta en mi corazón, la humanizo y la transmito desde mi silencio. Me siento profundamente universal. Esto es obra del Señor, su obra en mí. Este rato vivido en el patio, antes de amanecer, envuelta en la luz blanca que se desprende del cielo cubierto de nubes, me hace pensar en la LUZ.

El pueblo que caminaba en tinieblas vio una luz grande (Is 9, 2), es la antífona de entrada de la misa de hoy. Sobre esta frase de Isaías he dibujado mucho, he escrito, he pensado… ¿Qué es para mí la Luz, cómo la vivo?

Copio aquí este párrafo sobre la Luz que escribí el día 13 de agosto de 2004. Lo he encontrado entre papeles sueltos:

«Señor, estas ansias de Ti que padezco y gozo, esta necesidad de vivir en tu presencia… es tu Luz que me atrae. Mi corazón se derrama en gratitud porque diriges mi vida según tu voluntad, hacia tu Luz. Me encanta recordar tu paso por mi historia para construir con tu Luz la monja que deseas. Cuando cubres con tu manto de amor mi desnudez, me permites reconocer que eres Tú el que lo hace, y me invitas a que yo obre así con las demás, aunque me hayan quitado la piel en alguna ocasión, eres tú con tu LUZ y con tu AMOR.

Si me entretengo en chapotear en las imperfecciones mías y de los demás, Tú me zarandeas fuerte y me dices: ¡¡¡Vive!!! ¡¡¡Crece!!! No pierdas el tiempo en esas tonterías... Es que tu LUZ me ilumina, Señor... Cuando te compadeces de mí y tu corazón se vuelca en el mío, y me lavas, me embelleces y desposas ¡¡¡Oh!!! ¡Eres espléndido, Señor! Me has hecho única, original... Solo deseo parecerme a María. Solo deseo vivir en Ti».

El pueblo que caminaba en tinieblas vio una luz grande.

JUEVES DE NAVIDAD. 4 DE ENERO DE 2018

Despierto... Silencio... Serenidad... Paz... ¡Presencia!

Cantad al Señor un cántico nuevo (salmo responsorial de hoy, 97). Al despertar me siento invitada a cantar un cántico nuevo. ¿Cómo puedo yo cantar un cántico nuevo? ¿Qué es para mí cantar un cántico nuevo? ¡Oh, una realidad tan sencilla, qué difícil de expresar! Estoy convencida de que es pura gracia de Dios, porque yo no sé nada, pero Dios me da sensibilidad, inteligencia y me adentra en su Misterio. Yo solo tengo que entrar, disfrutar y cantar, porque me siento viva, ¡¡¡muy viva!!! Este cántico es siempre nuevo, no se repite nunca, es dinámico y brota del dinamismo de Dios que mueve mi corazón y mis labios. ¡Esto es precioso de vivir! Creo que todos somos música, Yo me vivo como música de Dios en el Universo, en la Historia, en la Humanidad. Todo está lleno de música divina. Lo sé porque escucho atentamente. Deseo mucho que todos los hermanos escuchen, es una forma sencilla de conocer su corazón y el corazón de Dios. Única forma de ser felices y libres.

Rabí, ¿dónde vives? Venid y lo veréis (Jn 1, 38-39). Entiendo que Jesús no dice el lugar donde vive, sino que pone en marcha a quien desee seguirlo. ¡Hay que caminar! Lo he buscado en mi corazón. Habita en todos los corazones de todos los hermanos. ¿Qué he hecho para encontrarlo? Caminar al paso de Dios, no me puedo quedar quieta. Lo busco. La búsqueda parte de un deseo, de una necesidad de encontrarlo, de una escucha. ¿Cómo actúa Jesús ante este deseo de seguirlo? Invita, seduce, es la única pista que da... Él no tiene donde reclinar la cabeza. No puedo expresar toda la profundidad que veo en esto.

Para seguir a Jesús se necesita un despojo que solo Él puede realizar cuando ve que el que desea seguirlo es un pobre, un verdadero buscador del Dios de Jesús. Me he planteado muchas veces mi seguimiento de Jesús, y he visto claro, desde joven monja que debía dejarme despojar. Es una experiencia muy fuerte, pero la obra de Dios..., no existen palabras para expresarla, solo se puede vivir con su fuerza.

Muchas veces he recordado a mi padrino de bautismo, muy amigo de mi padre, Hermenegildo, al que yo quería mucho. Trabajaba en la fragua de su propiedad. Cuando yo pasaba al colegio entraba a darle un beso y se volvía loco conmigo, él no tenía hijos porque su mujer era estéril. Me gustaba mucho ver trabajar a mi padrino, iba a la fragua y me sentaba en una pequeña silla que me tenía preparada. Cuando yo veía sacar del fuego el hierro candente, ponerlo sobre el yunque, golpearlo fuertemente... El sonido, las chispas, la fuerza de mi padrino, el rojo vivo del hierro... Todo aquello me sobrecogía, pero cuando veía, después de la forja, aquellas formas tan bellas, me entusiasmaba. Mi padrino era un artista. En mi casa conservábamos obras que él regalaba a mi padre. Ahora las conserva mi hermano. Para seguir a Jesús hay que dejarse despojar y forjar. De mi experiencia puedo decir que merece la pena. Dios hace como mi padrino que, cuando golpeaba el hierro para sacar su obra lo sujetaba fuertemente con una mano, mientras que con la otra lo transformaba. La vida es corta y es muy bella para vivirla en libertad, alegría y verdad. Los sufrimientos del despojo y de la forja son poca cosa comparados con la vida en libertad, alegría y paz que comienza aquí ya.

Buenos días, Señor, ya he despertado. Gracias por estar al quite de mi sueño. Me hace feliz el sentirte tan cerca.

Veo el patio desde el claustro alto: parece que se ha extasiado, o no ha despertado todavía. Ahora bajo. En este patio se halla concentrada toda la música del Universo, la belleza de la creación entera, el silencio, la realidad y la grandeza del Misterio. Esto solo puede realizarlo Dios para que nosotros lo celebremos.

Todos mis sentidos se abren en gratitud, se ensancha mi percepción y concibo la realidad de todo en una forma nueva. Es muy hermoso esto... Esta luz blanca que ilumina el patio es como el velo que cubre el Misterio para que yo lo perciba sin morir. Porque Dios se pasea en este recinto y... *nadie puede ver a Dios y quedar vivo* (Ex 33, 20).

Aquel de quien escribieron Moisés en la ley, y los profetas, lo hemos encontrado... Ven y lo verás (Jn 1, 43-51). ¿Cómo veo yo a Dios? ¿Qué me dice esta Palabra?

Sabed que el Señor es Dios, que Él nos hizo y somos suyos, dice el salmo responsorial de hoy, 99.

Sabemos que Dios ha venido y nos ha dado inteligencia para que conozcamos al Verdadero (1 Jn 5, 20). Para ver a Dios, para conocerlo, uso la inteligencia que Él me ha dado. Y uso también el corazón. Con la inteligencia comprendo que al Trascendente no lo puedo ver, pero al hacerse carne nuestra, ha bajado hasta nosotros. Y ahora uso el corazón... Me amo a mí y amo a los hermanos, el amor me facilita ver a Dios en mi corazón y en los hermanos. Es un misterio impresionante.

Es mucho lo que debemos a María, gracias a su entrega, su SÍ. Me gusta pensar en Ella cuando comulgo, porque también la comulgo a Ella. Y pienso en los hermanos, porque también los comulgo a ellos. Todos somos de la misma carne creada por el TRASCENDENTE. ¡Qué Misterio tan impresionante!

Todo esto lo meditaba yo esta mañana en el patio, envuelta

en esa penumbra luminosa que veo desde hace unos días. ¡Qué maravilloso misterio! Esa luz, ese velo que cubre el misterio, a medida que me dejo purificar por el Dios de la vida, se hace más transparente, hasta que se rompa y se realice el feliz encuentro.

Es impresionante para mí esta Palabra. Soy consciente de que Dios me ha dado un corazón para conocerlo y una vida para vivirlo. Me ha ensanchado por dentro y ha cavado en mí profundidades enormes donde vivo soledades que no puedo expresar, solo puedo vivirlas. Soledades que me van acercando al conocimiento y vivencia del MISTERIO.

SOLEMNIDAD DE LA EPIFANÍA DEL SEÑOR. SÁBADO 6 DE ENERO DE 2018

Levántate, brilla, Jerusalén, que llega tu luz; la gloria del Señor amanece sobre ti (Is 60, 1). Por eso despierto tan alegre y llena de esperanza.

Tu corazón se alegrará, se ensanchará (Is 60, 5). Claro que sí, Señor, porque a lo largo de mi vida esta Palabra se cumple en mí gratuitamente. Así es nuestro Dios. Por eso vivo abierta en todo momento. En mi paso por la vida, desde que tengo uso de razón, he intentado recoger todo lo que Dios me ha regalado de luz, amor, alegría… Después de la oscuridad, siempre se enciende una luz nueva.

Todo es revelación: oscuridades, luces, brillos que iluminan mi corazón y me indican que Dios está aquí, me guía, me cuida, le intereso… ¡Oh! Estos son sus regalos constantes para mí. Ante esta realidad tan sencilla me extiendo por dentro. Mis ojos interiores son muy grandes, alcanzan a ver lejos. Al mismo tiempo noto que mi vocabulario se reduce y no puedo expresar lo que siento dentro. Pero estoy convencida de que mi silencio es vida y música para los hermanos.

Me asomo al patio. No siento frío, una frescura agradable me acaricia... Es un clima de paraíso con música incorporada. El limonero mece sus ramas al contacto con la lluvia serena, y suena una sinfonía que escucho con atención. Esta serenidad, el color gris plata del preamanecer, la música, el clima de misterio que lo envuelve todo, es la acción de gracias que sube al Señor desde el patio de Santa Marta por la lluvia tan necesaria.

Y termino, Señor, mi *lectio* con tu Palabra en el corazón: cada momento soy engendrada como regalo de Dios para los hermanos. Así lo entiendo y así lo vivo, con la ayuda de María.

Necesito dar la vida que Jesús vive en mí, para que la Navidad sea una constante experiencia salvadora en nuestras vidas. Y una Pascua eterna. Amén.

DOMINGO DEL BAUTISMO DEL SEÑOR. CICLO B. 7 DE ENERO DE 2018

¡La voz del Señor sobre las aguas! (salmo responsorial, 28). Salgo del sueño entre rumor de aguas bautismales. Es el Espíritu del Señor que está sobre mí, me lava, me prepara y sostiene mi vivir para los hermanos, con sencillez, sin pretensiones. Soy tan pobre...

El Espíritu a través de la vida me bautiza y *veo el cielo abierto* (Hch 7, 56). Veo más allá, mucho más allá. Este es el dolor y la esperanza de mi vida.

Dolor, porque ver más allá... es ver luces para la solución de problemas. Luces para gozar de las maravillas de Dios y de la vida. Luces para conocerme y conocer a los hermanos. Luces para entender y acoger el paso de Dios por nuestras vidas y nuestras circunstancias... Ver más allá y vivir en esta oscuridad que podría haberse evitado, si hubiéramos escuchado... Oscuridad en la que no se ven las huellas de Dios para caminar sobre ellas. Dolor grande... En mis tiempos jóvenes, hasta los 50 años aproximadamente, en medio de mi dolor me preguntaba: ¿por qué personas inteligentes, ocupando cargos de importancia, no veían estas cosas, ni pensaban en las consecuencias de sus errores? Esperanza, porque aunque ahora vivo todo lo que yo veía venir, lo vivo con mucha comprensión y amor. Esperanza, porque sé por experiencia que nuestro Dios *es un Dios que salva.* Y lo salva todo.

Dios bautiza también la historia y *algo nuevo está naciendo, ¿no lo veis?* (Is 43, 19). Yo sí lo veo. Todos estamos un poco despistados: la Iglesia, la Vida Monástica, los sacerdotes, los cristianos, la sociedad... Dios bautiza la historia. *Lo antiguo ha pasado, lo nuevo comienza* (2 Cor 5, 17). De nuestras cenizas surgirá la Novedad de Dios. Por eso yo espero con alegría y en cierto modo ya lo vivo realizado.

Señor, mira por dónde me ha llevado hoy la *lectio.* Pues, ¡así lo dejo! La Palabra de hoy es música en mi alma. Esta Palabra es JESÚS.

Lectio Divina en
Tiempo de Cuaresma

MIÉRCOLES DE CENIZA. 14 DE FEBRERO DE 2018

En el nombre del padre, y del Hijo, y del Espíritu Santo. Despierto cantando el Invitatorio como corresponde a este tiempo de Cuaresma que hoy comienza: *Ojalá escuchéis hoy su Voz, no endurezcáis vuestro corazón* (salmo 94).

Al abrir los ojos, Señor, Te dedico mi primer momento del día y Tú me regalas tu eterna caricia que me facilita la conversión. Concédeme un corazón que escuche.

¿Señor, qué plan es el tuyo sobre mí en estos días de Cuaresma? A mí no se me ocurre nada especial, solamente no distraerme de tus planes con mis planes. Con temblor te siento muy cerca. ¿Qué me vas a pedir, qué te vas a tomar de mí?

Voy a Laudes y me paro en el patio. El lucero del alba me saluda en silencio y belleza. Silencio que penetra en mi corazón y lo acojo agradecida.

Vuelvo de Laudes. Desde el claustro alto veo aparecer el

alba blanqueándolo todo. Me encanta el misterio de la luz blanca del alba. Luz llena de promesas.

¡Cuánta paz se vive en este lugar y cuánta ayuda para interiorizar la vida y vivirla en la presencia de Dios para los hermanos! De la mano de María camino con todos hacia la Pascua.

Felicito a Dios porque es buen cirujano y buen pedagogo. Me va bien su forma de obrar en mí, por eso no vivo de mis miserias que Él ilumina y purifica, sino en la búsqueda constante de su rostro.

¿Quién es Dios para mí? El que no se deja imaginar, ni explicar, ni manipular, ni idealizar, ni definir por mí. Pero se deja «ver y oír, saborear y tocar», siempre envuelto en el Misterio… Canto su Amor con mi amor hoy, San Valentín, día de los enamorados.

JUEVES DESPUÉS DE CENIZA. 15 DE FEBRERO DE 2018

Después de saludar a Dios y agradecerle el nuevo día, me asomo al patio. Esta ceremonia es imprescindible para la salud del alma, del cuerpo y del psiquismo. Las estrellas me saludan parpadeando mucho y me transmiten alegría. ¡Con qué sencillez derraman su belleza! Vuelvo a la celda, me preparo y comienzo la *lectio: Mira, hoy pongo ante ti la vida y el bien, la muerte y el mal. Si cumples lo que te mando hoy…, vivirás y crecerás* (Dt 30, 15-20).

Señor, no soy capaz de cumplir nada, en el sentido que nosotros entendemos por «cumplir». Eres Tú el que lo cumples en mí, esto me sostiene, por eso voy segura. Tú me amas, yo capto tu amor y de eso vivo. Señor, Tú me despojas de todo para que camine en soledad. Cuando a través de alguien Te acercas, siento tu proximidad. Después me lo retiras. ¡Cómo te gusta probarme! Y entonces me dices: *El Hijo del Hombre tiene que padecer mucho, ser desechado y muerto* (Lc 9, 22). Nunca lo había sentido tan fuerte como hoy. *El Hijo del Hombre* vive en mí, sufre en mí y yo me conmuevo. Me parece que comprendo un poco la Agonía del Huerto. Creo que este momento de la historia lo sacarán adelante unos pocos valientes, y humildes: el RESTO, que sean capaces de vivir más allá de todo este desorden que fluye como el torrente de aguas sucias y rojas que vi correr furioso, desde las ventanas del monasterio, aquel anochecer de la inundación. Sí, valientes, humildes y libres como Jesucristo, con la vida plantada en la voluntad de Dios.

El que quiera seguirme que se niegue a sí mismo, cargue con su cruz cada día y se venga conmigo (Lc 9, 22-25). Esto es muy sencillo. Es cuestión de gracia, la gracia de Dios que me despoja de lo que me impide vivir en libertad, sencillez y agilidad para seguir a Jesús. ¿Qué es para mí seguir a Jesús sabiendo, porque Él no engaña, que al poner los pies sobre sus huellas, los ojos y la vida en su vivir, en su actuar, voy a terminar como Él? Seguir a Jesús es vivir para los demás. ¿Cómo? Me dedico a soñar, y porque sueño vuelo. Vuelo sobre mis miserias, de las que Dios se ocupa y vivo para compartir lo que Dios realiza en mí: la libertad, los horizontes por los que lo veo venir cargado de amor y belleza. También las lágrimas cuando Él se acerca para despojarme de mí misma. La perfección consiste en destaparme ante mí misma y ante Dios y dejar que me trabaje Él a su manera, así puedo yo regalar todo lo que de Él reciba. ¡Qué sencillo es esto!

El Señor tu Dios cambiará tu suerte compadecido de ti (Dt 30, 2-3). Al leer esto pensaba yo: ¿qué es para mí cambiar mi suerte? Siempre se piensa que te quitará el dolor y toda clase de sufrimiento. No es esto, lo veo en Jesús y en mí, lo que da es la paz, la fuerza y la fecundidad. Señor, vivo en la esperanza, porque *algo nuevo está naciendo* (Is 43, 19). Vivo con el deseo de dejar un mundo mejor, aunque yo no lo vea.

Gracias, Señor, por tu presencia. *Habla, que tu sierva escucha* (Cf. 1 Sm 3, 9). Llevo cerca de una hora escuchando tu silencio. ¡Qué abismo de limpidez, claridad y transparencia! Se me ha pasado el rato sin darme cuenta. Me queda el tiempo justo para llegar a Laudes.

Al salir del coro paso por el patio. ¡Soledad, música, silencio!… A la luz blanca del alba me miro y me veo por dentro. Subo a la celda y continúo la *lectio*. *Grita a plena voz, sin cesar, alza la voz como una trompeta* (Is 58, 1-9). Sí, comienzo a gritarme a mí misma. Señor, dame tu luz para que vea. Deseo que mi Cuaresma te agrade y sea eficaz para los hermanos. Señor, casi toda mi vida de monja la he vivido gratando porque Tú me impulsabas, y no sé si he conseguido algo. Eres Tú el que ha conseguido que yo no pierda la paz, ni la alegría, ni la esperanza, ni los deseos de ser cada día más mujer, más cristiana, más monja, más santa. ¡Gracias, Señor!

Pero ¿cómo ha de ser mi Cuaresma para que te agrade y yo crezca con todos los consagrados, sacerdotes y todos los hermanos del mundo? *El ayuno que yo deseo es… abrir las prisiones injustas* (Is 58, 1-9). ¿Cómo, Señor? Soy monja. Cuando juzgo con tu misericordia y abro mi corazón a todos los más débiles y pecadores, pueden sentirse liberados de sus culpas y encontrar la paz. Conozco algunos casos.

Dejar libres a los oprimidos. ¿Cómo, Señor? No exijo a los demás la perfección de la que yo carezco, los amo como son, porque he descubierto que Dios nos ama a todos y esto me ayuda a liberarme en favor de los hermanos.

Partir tu pan con el hambriento. ¿Cómo, Señor? Mi Pan es Jesús que vive en mí. Desde mi silencio y mi soledad lo comparto con los hermanos en la seguridad y la esperanza de que a través de mi amor hacia ellos pueden un día sentir que Jesús se mueve en sus vidas y saciar su hambre de luz, de verdad, de paz y de amor. También su hambre física.

Vestir al que ves desnudo y hospedar a los pobres sin techo. ¿Cómo, Señor? Tapando sus debilidades con mi comprensión para que la luz de Jesús nos cure y nos acoja a todos bajo el techo de su salvación.

Y no cerrarte a tu propia carne. Mi propia carne son los hermanos y todos somos la carne de Jesús engendrada en las entrañas de María Santísima. Misterio del Amor de Dios.

SÁBADO DESPUÉS DE CENIZA. 17 DE FEBRERO DE 2018

En el nombre del Padre, y del Hijo, y del Espíritu Santo. Despierto bajo la influencia de la *lectio* de ayer que tanto impactó. Hoy me siento abierta en la presencia de Dios y sigo el mismo tema.

Me ha llegado al alma el versículo de la 1ª lectura del Oficio: *El que realiza la verdad se acerca a la luz para que se vean que sus obras están hechas según Dios* (Jn 3, 21). ¿Cómo realizo yo la verdad? Descubriendo a Jesús en mi vivir, y descubriéndome yo en Él. Esto es muy sencillo de vivir, porque es pura gracia, gracia que se recibe cuando uno se deja purificar por Dios a través de los acontecimientos, de las personas que te rodean y las circunstancias. Vivo muy atenta a esto, para pasar por la vida con sencillez, profundidad y acoger la voluntad de Dios y su luz. ¿Cómo me acerco a la luz? Es la luz la que se acerca a mí porque la pido, la espero, la recibo agradecida a tanta gratuidad. Yo no merezco nada, lo veo muy claro.

Realizar la verdad y acercarse a la Luz, que es Cristo, es entender y vivir lo que dice Isaías 58 1, 9, texto de mi *lectio* de ayer y de hoy: *Abrir las prisiones injustas y dejar libres a los oprimidos.* Liberar a todos con mis juicios compresivos, liberadores y justos. Partir mi pan, mi vida, con los hambrientos. Compartir. Ser pan de trigo zamorano, candeal, pan reciente para los hermanos, horneado en mi corazón con el fuego del

Corazón de Jesús. Hospedar a los pobres sin techo, a los que no tienen donde reclinar la cabeza, como Jesús. Acoger bajo el techo de mi escucha y comprensión a todo el que se me acerque. Vestir al que va desnudo, arropar con amor a todo el que ha sido desnudado de su dignidad.

La Luz, Cristo, me lleva a no engañarme, a verme y sentirme capaz de caer y levantarme con más conocimiento de mi pobreza y de mi nada, con la positividad y posibilidad de vaciar mi corazón de juicios injustos, que oprimen, desnudan, causan hambre. Los hermanos son mi propia carne, así los siento y así los vivo. Por eso conozco personas de todas las tendencias, mentalidades, condiciones y edades. Se me han acercado siempre, desde joven, sin que yo los busque, y no sé por qué. Personas que me respetan, me visitan, me aman, me escuchan y se sienten entendidas, acogidas, amadas... Sean como sean son mi propia carne. De ellos, he aprendido mucho, sobre todo humildad y amor a mi vocación monástica. Gracias a ellos, recibo *una luz como la aurora y se curan mis heridas* (Is 58, 8). Esto me rejuvenece mucho.

Y gracias a Jesús mi Maestro. De Él aprendo y tomo todo lo que cabe en mi pobreza, así me ensancho por dentro con capacidad para todos los hermanos, sean como sean. Para Jesús, todos sin excepción, son objeto de su amor.

Señor, gracias por el día de hoy. Me retiro a descansar. Pasaré por el patio, miraré al cielo, ya he visto hace un rato muchas estrellas grandes, preciosas. Oraré un poco... Deseo mucho que mi oración sea humilde, profunda, abierta a la verdad, lúcida, clarificadora, vital, alegre... AMÉN.

DOMINGO I CUARESMA. CICLO B. 18 DE FEBRERO DE 2018

Me signo con la señal de la Cruz al despertar. Buenos días, Señor, en tu Día. Antes de encender la luz ya me has visto.

Y yo Te he visto de la única forma que te puedo ver: la fe, regalo tuyo. Señor, dime alguna forma de hacerme luz entre la oscuridad que nos rodea. Oscuridad que intenta avasallarme, arañar mi alma, pero María no se lo permite, Ella está conmigo.

Siento una necesidad grande de desierto para vivir en profundidad el Misterio, para escucharlo. *¡Habla, Señor, que tu sierva escucha!* (Cf. 1 Sm 3, 9). Comprendo a aquellos hombres y mujeres de los siglos III y IV, que se retiraron al desierto para alejarse de la corrupción y vivir en profundidad el misterio de Dios. Como yo no puedo retirarme a ningún lugar, me preparo un sitio en el fondo de mí misma. No para retirarme egoístamente y superar a los demás en el caminar hacia el Reino, sino para alcanzarme a mí misma y ser más eficaz para todos. Entrar dentro de uno mismo es muy interesante, porque no tenemos paredes, ni límites. Somos inabarcables por dentro. Sería una pena que nos llegue el momento de pasar a la otra Orilla y no hayamos descubierto, gozado y compartido nuestro interior.

En aquel tiempo, el espíritu empujó a Jesús al desierto (Mc 1, 12). El Espíritu no se para en cuidados. ¡Empuja!, y... ¡cómo! A Jesús lo impulsó al desierto; a mí, hacia dentro de mi corazón. Es lo mismo: la misma soledad sonora...

Vengo de mi celda. Asomada a la ventana que da al poniente he gozado de la belleza del atardecer. Me gusta mucho mirar al cielo. He visto los rayos del sol, en su ocaso, pasar entre los cirros y bordar de plata sus contornos. Me impresiona el arte de la naturaleza, lo profundizo hasta donde soy capaz. Y me desbordo en acción de gracias al Creador. También esto forma parte de mi *lectio*, de mi día y de mi desierto. Dios me ha llamado a vivir en comunidad y vivo contenta, al mismo tiempo soy monja de desierto, de soledad sonora. ¿Qué oigo? Los pasos de Dios en tránsito por mi vida. Se acerca cuando caigo y me levanta, cuando sufro y me sostiene, cuando dudo y me ilumina. Los pasos de Dios producen una música especial que no sé ponerla en palabras ni en voz, pero sí me gustaría recorrer el mundo gritando: ¡Hermanos, entrad en vuestro corazón y en vuestra vida. ¡Escuchad! Oiréis los pasos de Dios y la música de vuestro corazón cuando Él toque el teclado de vuestra vida. Esto no es solamente para privilegiados, ¡todos lo somos en el Corazón del Señor! Solo así podremos cambiar el mundo y convertirlo en lugar de paz, aun en medio de todas las dificultades. ¿Cómo se entra en el corazón? Bajo, para que el Dios que vive en mí me eleve. Escucho para que Él me hable. Hablo para que Él me escuche. Esto se realiza desde la humildad y la transparencia.

Se ha cumplido el plazo, está cerca el Reino de Dios: ¡convertíos y creed la Buena Nueva! (Mc 1, 15). El Reino de los Cielos es semejante a una monja muy charlatana que sintió la llamada al silencio y la acogió. El silencio purificó y labró su corazón, lo preparó, y la monja, sin salir del monasterio, recorrió el mundo portando la Buena Noticia de la Salvación.

LUNES I CUARESMA. 19 DE FEBRERO DE 2018

¡La respiración de Dios es magnífica! ¡Señor, tu respirar en mi corazón me ha despertado! *Mi Guardián no duerme*, dice el salmista (120, 3-4), y lo experimento yo. ¡Gracias, Señor, por tu vigilia! Tomo mi libreta donde escribo mi *lectio* a diario con inmenso respeto. La considero el joyero de mi vida, el cofre donde voy guardando mi pobreza y mi vivir cotidiano, como una piedra preciosa que talla con amor el Dios que habita en mí.

El Evangelio de hoy me impresiona muchísimo. *Venid vosotros, benditos de mi Padre; heredad el reino preparado para vosotros… Porque tuve hambre y me disteis de comer…* (Mt 25, 34 ss). Guardo profundo silencio y no sé decir nada. ¡Es tan inmenso! Los hambrientos y sedientos son pobres, con sus pecados, sus miserias, sus oscuridades... Como yo... Y Dios se coloca en ellos y lo que a ellos se le haga lo recibe como hecho a Él... Creo que hay que profundizar mucho en la propia vida para entenderlo. A mí, que me dedico a bucear en mi inmenso mar interior, y a descubrir la belleza que Dios ha puesto en mí, y la pobreza de mi cosecha... Solo una cosa puedo decir: no me ha costado mucho amar a las personas que me han hecho daño. ¿Porque soy buena? No, porque Dios es bueno y vive en mí y en esos pobres que me han hecho daño, por eso, sin darme cuenta, los puedo amar.

El amor de Dios es un misterio que nos alcanza, independientemente de que lo sepamos, entendamos o no. Solo es necesario que ayudemos a nuestros semejantes, y el Señor se vuelca en gracia. La ignorancia es lo que provoca el pecado y el sufrimiento. Pero Dios lo salva todo. *Él conoce nuestra masa, se acuerda de que somos barro* (Sal 103, 14).

Tuve hambre y no me disteis de comer... Los cumplidores, los buenos, no han tenido en cuenta a los hermanos, no se han abierto, no han podido ver al Señor en su propio corazón, no lo han descubierto, no han sido humanos como Jesús, por eso no lo ven en los demás. Estos hermanos ocupan gran parte de mi oración.

El Reino está cerca, en cada corazón humano. Hay que hacer transparencia para verlo. ¿Cómo se hace? A mí me ayuda mucho la *lectio*, profundizar en el Corazón de Jesús, tan humano y tan divino. La *lectio* es para mí como unas gafas translúcidas, diáfanas, preparadas por el «Óptico divino»: solo hay que colocarlas en los ojos de la propia vida, abrir la Biblia, leer con calma, buscar con interés y dejar a Dios entrar en el alma.

Hoy me han impresionado mucho las palabras de la consagración: *Tomad y comed, esto es mi cuerpo...* (Mt 26, 26). Comerte a Ti, Señor, es comerme también a mis monjas, a la Humanidad, a la Historia, al Universo... Solo con tu gracia, Señor, podré digerir tanto alimento.

Padre nuestro, santificado sea tu nombre, venga a nosotros tu Reino (Mt 6, 10).

Despierto en tu presencia y en la mía, Señor. Escucho tu música y la mía. ¡Qué bien suena en mi celda esta bella sinfonía orquestada por tan Gran Director! Y canto al Señor mi alegría y mi oración. Vuelvo a la celda después de escuchar el mensaje del patio, contemplar el titilar de las estrellas, el reposo de las plantas, el regalo de tanta belleza. Se arrodilla mi corazón ante la Biblia, levanto los brazos, bajo la cabeza en señal de respeto... Leo: *Así dice el Señor: Como bajan la lluvia y la nieve desde el cielo... Así será la palabra que sale de mi boca, no volverá a mí vacía, sino que hará mi voluntad y cumplirá mi encargo* (Is 55, 10-11). ¡Qué bello pasaje de Isaías!

Como desciendo de familia de agricultores, recuerdo a mis tíos y primos mirando siempre al cielo, pendientes de la lluvia y del sol que Dios hace salir para todos, cuidando los sembrados con oración, cariño y dedicación. Cuánta paciencia, esperanza, trabajo y bendiciones hasta ver el trigo en la era, triturado en el molino, amasado en la artesa, horneado, y el pan reciente en la mesa.

Siempre vivo la *lectio* impresionada, porque cada palabra es semilla de Dios sembrada en mi besana interior preparada por sus ángeles. Por eso con mis surcos abiertos la recibo y la cuido con amor mientras germina. Aunque yo no vea las espigas doradas, estoy convencida de que los hermanos recibirán el fruto, según la voluntad de Dios y a su manera. Puede ser alegría, paz, amor.

El salmo responsorial me invita a gritar. Grito y el Señor me escucha. Es muy gentil el Señor, siempre responde...

Isaías 58 también me invita a gritar, a alzar la voz a denunciar... Sí, claro que grito, y mucho... Me grito a mí misma, fuertemente porque deseo oírme bien, para que mi vivir sea luz y palabra para los hermanos.

Venga a nosotros tu Reino... El Reino de los Cielos es semejante a una monja que se tomó en serio el Padrenuestro. Pasó el tiempo y se dio cuenta de que ya no era ella, era nosotros. Pasó más tiempo y ya no era nosotros, sino JESUCRISTO. AMÉN.

MIÉRCOLES I CUARESMA. 21 DE FEBRERO DE 2018

En el nombre del Padre, y del Hijo, y del Espíritu Santo, he despertado pronto con la serenidad de siempre. Me asomo al patio, respiro hondo, me acaricia la Presencia que todo lo envuelve. Y así, envuelta paso a la celda abierta toda yo. Tan abierta como la Biblia sobre mi mesa, con mi corazón dispuesto ante el que me espera.

Señor, ponme como sello en tu corazón (Ct. 8, 6). Algo así como una corriente especial he sentido en el alma. Busco los paralelos: *Escucha Israel: el Señor nuestro Dios es solamente uno... Lo amarás con todo el corazón* (Dt 6, 4).

Graba sobre tu corazón las palabras que yo te dicto hoy. Las atarás a tu mano como una señal (Dt 6, 6-8). *Grabad en vuestro corazón y en vuestra alma estas palabras* (Dt 11, 18). *Porque Yavé tu Dios es un fuego devorador, un Dios celoso* (Dt 4, 24). Guardo profundo silencio durante un rato. La *lectio* compromete mucho, exige mucho. Si se vive, se pasa por el fuego devorador, por los celos de Dios. Algo de experiencia poseo. Merece la pena.

Nuestro Dios es solamente uno: el Padre de nuestro Señor Jesucristo. Pienso que los grandes problemas y dificultades de hoy se deben a que se esquiva el encuentro con Dios y nos vamos tras los ídolos que nos lo piden todo y no dan nada a cambio. Parece que vivir en la superficie, en la vulgaridad, atrae más... Las personas que se adentran en el Misterio, que buscan la Verdad de verdad, resultan molestas... Pero nunca se verán solas, aunque lo parezca.

Esta generación pide un signo... Como Jonás fue un signo para los habitantes de Nínive, lo mismo será el Hijo del Hombre para esta generación (Lc 11, 29-32). Las generaciones piden signos. Los recibimos en cantidades astronómicas, no los entendemos. No nos paramos a escrutarlos porque estamos «rutinizados».

¿Qué signos veo yo? Cada persona somos un signo para los demás, Dios se expresa a través de nosotros. Todos somos Jonás. Todos somos Nínive. Me lo pregunto yo muchas veces: ¿soy Jonás? ¿Dónde se encuentra mi Nínive para gritarle? ¿Soy Nínive? ¿Dónde está mi Jonás para escucharlo? ¿Seré yo signo para los demás? ¿Me niego a mí misma? ¿Cargo con mi cruz y me voy con Jesús? Ante esta Palabra me pregunto impresionada, pero no sé responderme. Solamente me dejo despojar, camino confiada y acepto mi final.

El signo es claro para mí: †LA CRUZ†. La Cruz me pone en la verdad, en la realidad de la vida, de los hermanos y en la Verdad: Jesús el Señor. La Cruz la forma el cruce de la voluntad de Dios con la mía. En ese cruce se colocó mi Maestro: *Pase de Mí este cáliz, pero no se haga mi voluntad sino la tuya* (Lc 22, 42). Ahí se sitúa lo que en mí vive de Jesús. Tomo la vertical, extiendo los brazos y miro hacia arriba.

JUEVES I CUARESMA. 22 DE FEBRERO DE 2018

¡Gloria al Padre, y al Hijo, y al Espíritu Santo! Hoy despierto especialmente contenta y no sé por qué. Guardo silencio un rato. Recibo una intuición benéfica: me influye la bondad de tantas personas sencillas que nadie conoce... Son la gracia de Dios sobre la tierra. Esto me conmueve. Personas que viven más allá de enfados y susceptibilidades, porque se han dejado tomar por Dios y comprenden; más allá de juicios y pequeñas venganzas, porque aman. Personas que dan todo sin esperar nada a cambio, abiertas para que el amor de Dios pueda pasar a los hermanos sin obstáculos. No exigen, esperan... Fíjate, Señor, lo que pienso: estas personas las creamos entre todos sin darnos cuenta, forman parte de nuestro ser. Tú tomas lo que te parece de cada uno de nosotros: buen humor, delicadeza, cariño, comprensión, etc. Lo colocas entre tus manos, lo acaricias y salen estas personas que solo Tú conoces, pero pasan por la vida edificando el Reino. Este es un misterio impresionante. Me faltan palabras para expresarlo.

Voy a la liturgia de hoy... *A los presbíteros en esa comunidad, yo presbítero, os exhorto: apacentad la grey de Dios que os está encomendada* (1 Pe 5, 1-4).

La tarea es ardua, el momento es difícil. Pero nosotros no buscamos honores ni éxitos, sino la gloria de Dios. Él cuenta con nuestra pobreza para sacar adelante el brote nuevo que apunta: el RESTO. Nos ha encomendado a nosotros la novedad que está naciendo, y acompañar, en su ocaso a esta generación que declina. A mí me causa mucho respeto y dolor. He hecho lo posible por restaurar. No se me ha entendido. Y pienso: es Dios el que da la luz. ¿Por qué no la da? *Para que viendo no vean...* (Mc 4, 12) y pueda Él llevar a cabo su obra. Desde hace muchos años lo anuncio con dolores de parto, con el alma en delirio... ¿¡¡Cuándo, cuándo!!? Seguramente no lo veré, aunque ya lo estoy pariendo entre esperanza y gozo, oración y *lectio*. Contemplación. Sí, ya lo contemplo...

Y vosotros, ¿quién decís que soy Yo? (Mt 16, 15). Y yo, ¿quién digo que eres Tú? El Resucitado que vive en mí. El que me mira con los ojos de mis monjas y se me acerca en cada hermano. El que *cuando camino por cañadas oscuras me acompaña* (Sal 22, 4). El que pasea conmigo al atardecer por los claustros. El que me muestra la belleza de las estrellas por la noche y camina conmigo hacia el coro antes de amanecer. El que susurra en los oídos de mi corazón una canción de Vida: Yo soy el AMOR.

Mi alma espera en el Señor, espera en su Palabra (Sal 129, 5). ¡Gracias, Señor, por este nuevo día! He despertado cantando: *Tú eres el Cristo, el Hijo del Dios vivo. ¿A quién iremos, Señor?* (Jn 6, 68). Canto al salir al claustro, al asomarme al patio. Miro las estrellas... ¡Qué pureza! ¡Qué gozo! Los espectáculos más bellos del mundo son gratuitos.

Vuelvo a la celda, me siento. He guardado silencio profundo durante 10 minutos. *Si no sois mejores que los escribas y fariseos...* (Mt 20, 25-26). Entro en mi fondo: no soy mejor que nadie, es claro. Jesús que vive en mí me pone en la verdad, la que me hace libre, porque me destapa, me deja a la intemperie ante mí misma y ante quien me mire con los ojos de Dios. Aunque no soy mejor, siempre hay gente que me estima y me busca. Es porque me miran con los ojos de Dios. Me encanta ser mirada así.

Si cuando vas a poner tu ofrenda sobre el altar... Guardo silencio... Respiro hondo... Palabra que me pone en pie de escucha... *Te acuerdas de que tu hermano tiene quejas contra ti...* (Mt 5, 23). Sí, supongo que tendrán quejas contra mí. Me gustaría que me lo manifestaran antes de juzgarme o criticarme. Miro a mi Maestro y me digo: ¿qué puedo esperar yo? Lo mío es con razón, pero lo suyo... Si se considera que pienso de otra manera, valoro de otra forma..., esto no es malo, a nadie le exijo que sea como yo, a cada uno lo amo y respeto como es. Mis monjas me quieren, como yo las amo a ellas. No existe problema, porque bajo a mi fondo, escucho a mi Maestro. Veo que estoy en el lugar donde Él me ha colocado, me adapto, comprendo y amo... Me da mucho miedo juzgar, aunque no exprese mi juicio. Seguro que a todos nos pasa igual.

¿Tengo yo quejas contra los demás? No, rotundamente no, aunque algunos comportamientos no los entiendo, pero me causan mucho respeto. El interior de las personas es sagrado. Además, muchas cosas dolorosas que he vivido las he entendido a lo largo del tiempo como intervenciones especiales de Dios que me han ayudado a crecer.

Gracias, Señor, por el día y la música de hoy. Concédeme el arte de armonizar la orquesta que tengo dentro.

SÁBADO I CUARESMA. 24 DE FEBRERO DE 2018

¡Gracias, Señor, por esta noche especial, muy especial! Desperté a las 3 de la mañana ya no pude dormir por la reacción de una medicina antihistamínica que tomé con miedo. Los fármacos no me van. Pero me dijo la doctora que no tenía más remedio… En medio de mi vigilia he sentido a Dios muy cerca y he luchado con Él.

Aquella noche se levantó… Y habiendo quedado Jacob solo, estuvo luchando alguien con él hasta rayar el alba (Gn 32, 23). Me acordé de Jacob a orillas del Yabboc. Esa fue mi *lectio* durante la noche. Me ha quedado dentro una impresión que me gustaría expresar, es tan sencilla… Como Jacob, he pedido a Dios que me bendiga. Y he sentido que su bendición me sostiene. Me he levantado muy bien, con serenidad y disposición para todo. Con esa paz que Dios regala en momentos difíciles como lo es este para mí. Me he asomado al cielo. La estrella del amanecer se mira en mis ojos y me anuncia la blancura del alba que pronto comenzará a subir por el oriente.

¿Por qué difícil este momento? Porque surgen dificultades difíciles de afrontar. Pido al Señor que nos ayude a vivir la interioridad necesaria y la transparencia que nos permita verlo todo en su voluntad, limpio como la claridad del amanecer de hoy. Y sigo intuyendo que Dios desea algo importante. Con esta pobreza puede hacer maravillas. Espero… Espero… ¡Nuestro Dios es un Dios creador y salvador!

Habló Moisés al Pueblo: Hoy te manda el Señor tu Dios... Hoy te has comprometido con el Señor... Y hoy el Señor te compromete... (Dt 26, 16-19). ¡HOY! ¡Qué importante! Tiempo oportuno, tiempo de Dios! Me dice mucho esta Palabra de tres letras. ¡HOY! Es para mí cada instante. Dios me llama, me pide, me manda. Y es tan suave su voz... Desea que me comprometa a ir por sus caminos, a observar sus leyes y a escuchar su voz.

¿Cuáles son sus leyes? El Evangelio está lleno de llamadas de Jesús a la fe: Creed... Creed... Creed la Buena Noticia. También a la confianza: *Confiad, no temáis. Yo he vencido al mundo* (Jn 16, 33). Al amor: *Amaos unos a otros como yo os he amado* (Jn 13, 34).

Yo os digo: Amad a vuestros enemigos (Mt 5, 43-48). Señor, si Tú lo dices... Si Tú lo haces, es que se puede hacer. Con tu fuerza y con tu luz sí, se puede. Cuando se me ha presentado esta prueba he inclinado la cabeza, he dado gracias a Dios y se ha iluminado mi misterio.

DOMINGO II CUARESMA. CICLO B. 25 DE FEBRERO DE 2018

Despierto, entro en contacto conmigo y recuerdo aquel 25 de febrero de 1968. Hoy celebro el 50 aniversario con gratitud al Dios que me llamó por mi nombre, me ha sostenido y me *ha llevado sobre alas de águila* (Ex 19, 4). Señor, *caminaré en tu presencia... porque rompiste mis cadenas* (salmo responsorial, 115).

Se transfiguró delante de ellos (Mc 9, 1-9). Cada despertar cuaresmal es para mí como una transfiguración que me coloca más allá de la rutina y de la vulgaridad y me pone en camino hacia la Pascua. Camino de dolor-gozo-amor desde mi pobreza, y con mis propios defectos, que Él ilumina para ayudarme a caminar con humildad.

¿Cómo se transfigura Jesús que vive en mí? Subo con Él a mi monte interior de la oración y abro mi vida para ponerla al servicio de los hermanos. ¿Alguien habrá visto mi rostro radiante como el de Moisés cuando bajó del monte? Nunca se me había ocurrido pensar esto. ¿Cómo me veo yo? Con el Evangelio abierto observo el vivir, obrar y amar de Jesús. Veo mi realidad de monja: a través del tiempo con sus avatares, el Señor se hace sitio en mí. Esto ha facilitado mucho un cambio progresivo en todo mi ser. Voy pasando de mí hacia Jesús. En realidad es Él el que me lleva. Desde ahí paso de mi oscuridad a la luz del Evangelio. Esto me facilita mucho pasar de mi mentalidad a la de Jesús. Y doy pasos desde mis juicios humanos al respeto profundo a cada hermano. Paso de la buena imagen a la del Crucificado. Y de la Cruz a la Resurrección. Estos pasos se van dando en fidelidad a Dios.

Toma tu hijo y ofrécemelo en sacrificio (Gn 22, 1-2. 9. 15-18). ¿Quién es mi hijo? Cada etapa de la vida es como un nuevo hijo que alumbro, del que me desprendo cuando me lo pide Dios. Mi experiencia de esto es de dolor-gozo-amor y acción de gracias a Dios.

Este es mi Hijo amado. Escuchadlo (Mt 9, 2-10). Escucho a Jesús, lo escucho en gratitud a Dios porque Jesús es el Viviente que atraviesa el tiempo y el espacio y su voz no calla nunca. Lo escucho en todo, lo oigo dentro de mí, en los hermanos, en los acontecimientos, en la historia.

Me gustaría recorrer el mundo gritando: ¡Hermanos, escuchemos a Jesús! Escuchémonos unos a otros para hacer realidad la fraternidad cristiana. Abrámonos unos a otros. Si nos escucháramos con atención fraterna, si escucháramos a Jesús, al mirarnos unos a otros nos veríamos transfigurados.

¡Al Dios que vive en mí, gloria y honor por los siglos!

Me han despertado los mirlos, me llaman, y desde la torre me dedican sus cantos que yo agradezco y celebro. Dos madrugadoras palomas se arrullan en el tejado de enfrente. ¡Qué bien comienzan el día! Las estrellas, a punto de esconderse, las contemplan y sonríen. Aparece el alba derramando su blancura en el patio. ¡Cuánta pureza regala la vida a todo el que se abra y la acoja!

Regreso de mi paseo interestelar y vuelvo a la celda, me abro ante la Biblia, y me vacío toda yo. ¡Dios me escucha! *Derramo mi oración ante ti al despertar y te hago esta confesión* (Dn 9, 4-10). Señor, recoge mi oración vertida en tu corazón.

Hemos pecado, Señor, y no acabamos de conocer la magnitud de la decadencia que padecemos. Hemos retirado los profetas que nos has enviado, sin escucharlos. Nos hemos relajado y vaciado. Ahora es momento importante para llenarnos del Espíritu nuevo, el de Jesucristo. No dejemos pasar este kairós, porque no podemos vivir de superficialidad, rutina y vulgaridad. Somos monjas, hemos sido elegidas para vivir en la PRESENCIA, en favor de todos los hermanos. Y se requiere una calidad humana, un espíritu entregado, un psiquismo sano. Esto se adquiere en el contacto con Dios, en la oración, en la *lectio*, en la entrega. Estoy pensando, Señor: ¿llegará a los hermanos toda mi vida hecha oración? Porque ¡es mucha!

Sed compasivos como vuestro Padre es compasivo… No juzguéis… No condenéis. Perdonad, dad… La medida que uséis la usarán con vosotros (Lc 6, 36-38). ¿Qué haría yo para que saliéramos de esta decadencia y viviéramos abiertas al querer de Dios? Jesús, en el Evangelio de hoy me invita a entrar en el corazón del Padre. Soy imagen suya. Puedo ser compasiva porque me ha hecho a su imagen, y por lo mismo no juzgar y no condenar. Perdonar siempre. Lo mío es escuchar y aprender a obrar bien. Esta situación que vivo, me ofrece la ocasión de conocerme, de comprender a los demás, amarlos como son, sin juzgarlos. Ensanchar mi corazón y descubrir cómo Dios nos ama a todos como somos.

MARTES II CUARESMA. 27 DE FEBRERO DE 2018

Oíd la Palabra del Señor (Is 1, 10): *En la cátedra de Moisés se han sentado los letrados y fariseos...* (Mt, 23, 1-12). Señor, a mí me gustaría «sentar cátedra», pero ¿cómo y dónde? Soy monja... Precisamente por ser monja puedo llegar hasta el último rincón de la tierra para dar la vida, que de esto se trata. ¿Cómo puedo dar vida si soy tan pobre? Pues por eso, porque me sé y me vivo pobre y necesitada de dar y recibir, recibir la luz de Dios y comunicarla.

Comienzo al amanecer cuando la luz se va abriendo de forma tan bella, cuando los mirlos nos ofrecen sus armoniosos cantos y todos los pájaros revolotean sobre el patio del monasterio. Desde ahí y en ese momento es cuando imparto mi clase, o más exactamente mi canto, que brota de la alegría de mi corazón, para compartir con todos los hermanos desde la experiencia de mi pobreza. Y ¿qué les digo? *«Hermanos: oíd la Palabra del Señor, escuchad la enseñanza de nuestro Dios»...*

Si abrimos todos nuestros sentidos descubrimos que Dios nos instruye de muchas formas: todo lo que sucede a nuestro alrededor, doloroso o gozoso es un mensaje de su amor para ayudarnos a crecer, a ser felices; solo hace falta profundizarlo, acogerlo con una gran sencillez de corazón, coherencia, verdad. Al estilo de Jesús, tan diferente del de los fariseos.

Dios nos ha creado para ser felices, lo descubrí hace muchos años. Me parecía muy importante trabajar mucho para ser agradable a Dios. Sin darme cuenta casi, empecé a vivir de lo agradable que es el Señor y se abrió ante mí un mundo impresionante de belleza. *El que Me ofrece acción de gracias, ése me honra* (Sal 49, 23). Esto es para mí vivir de lo agradable que es Dios.

Hermanos, hoy me ha encantado hacer la *lectio* con todos vosotros, en acción de gracias a Dios por todos, y por este momento de la historia en el que el Señor nos ha regalado la vida para que nos abramos al Maestro y nos enseñe la sabiduría de vivir en libertad, alegría y fraternidad.

MIÉRCOLES II CUARESMA. 28 DE FEBRERO DE 2018

Mirad, estamos subiendo a Jerusalén... (Mt 20, 17-28).

Comienzo la *lectio* a las seis de la mañana. Me siento a la mesa... Coloco la CRUZ. Hago silencio profundo... Me abro toda yo... Escucho, oigo: *Mirad, estamos subiendo a Jerusalén...* Me impresiono... Sigo en silencio...

Salgo de la celda a las siete menos cinco. Empieza a clarear, me recibe el sonoro silencio del claustro, me asomo al patio. Me saluda el amanecer con una brisa suave y el aroma húmedo de las plantas. Mi alma respira hondo. Hoy no cantan los mirlos, no sé por qué, pero canto yo el cántico nuevo con el que todos los días saludo a Dios, a María y al amanecer. Canto de acción de gracias por todo.

¡Laudes! Estas alabanzas tienen el poder de impresionarme mucho. *Mi corazón se regocija por el Señor, mi poder se exalta por Dios, mi boca se ríe de mis enemigos, porque gozo con tu salvación. No hay santo como el Señor, no hay ROCA como nuestro Dios...* (1 Sm 2, 1-2 ss). ¡Así se puede subir a Jerusalén!

Al salir de Laudes me sorprende una luz especial que nunca he visto. El cielo lleno de arreboles sueltos y entre ellos el fondo azul turquesa. No ha salido el sol todavía, el aire mece las plantas del patio y les arranca unas notas musicales que me gustan mucho. Música nueva para oídos nuevos al estrenar el nuevo día.

Abba, parece que me enredo bastante, ¿verdad? ¡Pero todo esto forma parte de mi *lectio*! Todo me habla, todo me escucha, vibro con todo. Gracias por todo, *Abba*.

En mi peregrinar por la vida que Dios me ha regalado voy subiendo a Jerusalén. Deseo mucho ser consciente de esta realidad. Me gusta reflexionar, profundizar cada minuto que vivo, entenderlo, porque es un paso hacia mi plenitud en Cristo Jesús que me acompaña en el camino hacia Jerusalén. Él subió primero y me guía.

JUEVES II CUARESMA. 1º DE MARZO DE 2018

A ti, Señor, levanto mi alma (Sal 25, 1) al despertar. Mi saludo espléndido a tu LUZ: soy buscada por ella y me dejo encontrar. Hoy la luz se asoma a mis sueños, a mi corazón y me invita a abrir los ojos, todos los ojos de mi ser, a la Sublime Belleza.

Necesito cantar a plena vida. Ya no tengo voz, pero no importa, canto con la vida, que poseo mucha. Salgo al claustro. Todo es música. ¡Qué bien suena la canción de la lluvia en la penumbra del amanecer! ¡Qué pureza en el ambiente! Todo es serenidad que me transmite una palabra: *Yo estoy contigo, no temas* (Is 41, 10). En este silencio monástico la palabra es AMOR, que me trae la cordialidad de todas las personas que me aman en el Corazón de Dios. En muchos momentos como este que vivo, todo se me hace transparente: los hermanos, sus problemas, sus amores, sus trabajos, sus dolores, sus pobrezas que tanto comprendo desde las mías.

Un mendigo llamado Lázaro estaba echado en su portal (Lc 16, 19-31). ¿Qué hago yo con los Lázaros de mi portal? ¿Quiénes son mis Lázaros? ¿Qué he hecho por ellos? Mis Lázaros más cercanos son mis monjas, la Orden, la Iglesia... *Por amor a todos no callo, no descanso* (Cf. Is 62, 1)... Me parece que he conseguido muy poco. Y Dios se ha ocupado de nosotros muy amorosamente, nos ha hablado de muchas formas. ¿Lo habremos entendido? Me estremece el final del Evangelio de hoy: *Si no escuchan a Moisés y a los profetas...* (Lc 16, 31). Si no hacen *lectio*, si no se adentran en la Palabra... ¡Dios mío, Dios mío! Me apoyo en una seguridad: *Nuestro Dios es un Dios que salva* (Sal 68, 20). Además, nuestro Dios es un Dios creador. De nuestra pobreza sacará un brote nuevo que asombrará a las generaciones venideras.

Nada más falso y enfermo que el corazón. ¿Quién lo entenderá? Yo, el Señor... (Jr 17, 15-10). Me interesa mucho entrar en mi corazón y leerlo lo mejor posible, escrutarlo. Para ello pido a Dios luz, porque quiero ser valiente, lúcida, honesta. Se necesita sabiduría para no dejarse engañar por el propio corazón. Por eso me apego a María y a Jesús, expertos en estas cuestiones. Para mí es muy importante querer verme, plantarme cara, reconocer el estado de mi corazón con humildad, y acogerlo con cariño, siempre que se desmande. Mi mejor medicina para el corazón, cuando se me pone pachucho, es la luz, la luz y la LUZ... Y dejarlo entre las manos de Dios para que lo restaure.

Un corazón quebrantado y humillado Tú lo acoges, Señor (Sal 50, 19). *Abre mi corazón para que comprenda tus Palabras* (Cf. Lc. 24, 45). *Abre, Señor, mis labios y proclamaré tu alabanza* (Sal 50, 17). AMÉN.

VIERNES II CUARESMA. 2 DE MARZO DE 2018

Señor, despertar envuelta en la luz de tu mirada... ¡qué maravilla! Es como nacer de nuevo. Sobre todo en la situación que vivo. *Tu luz, Señor, me hace ver la luz* (Sal 35, 10) en medio de tanta oscuridad. Creo que desde muy pequeña yo, me estás preparando para este cambio tan impresionante. Vuelvo a la celda llena de la belleza y el mensaje del Dios que llena el monasterio. Con esa paz y esperanza comienzo la *lectio* abierta al Infinito. Respiro hondo con todos mis sentidos despejados. Durante 10 minutos guardo silencio y escucho. De pronto me veo recorriendo el mundo y gritando a los hermanos: «¡Abrid la Biblia, entrad en ella y veréis el Infinito abierto! ¡Qué maravilla! ¡Cómo cambiaría el mundo si viviéramos esto!».

Sus hermanos le despojaron de la túnica y lo arrojaron a un pozo sin agua (Gn 37, 3-4. 12-13. 17-28). *Recordad las maravillas que hizo el Señor, sus prodigios, las sentencias de su boca* (salmo responsorial, 104). Recuerdo, con inmensa gratitud, las maravillas que ha hecho Dios en mi vida. He sido despojada. El despojo me ha simplificado para caminar con soltura, ver con más claridad lo que es importante en mi vida de monja y dejar a un lado lo caduco. A las personas de las que Dios se ha valido para despojarme no las culpo, las bendigo. Todo es gracia.

La piedra que desecharon los arquitectos es ahora la piedra angular (Mt 21, 33-43. 45-46). Esa PIEDRA es Jesús que vive en mí, sobre ella me apoyo, así vivo mi pobreza, y después de tantas dificultades puedo experimentar que algo nuevo ha nacido en mí como regalo de Dios.

Señor, ya me retiro a descansar con tu bendición. Desde que desperté soy acción de gracias en tu presencia. ¡Gracias, Señor, porque me sostienes! ¡Gracias por todos los hermanos del mundo!

¡Bendice alma mía al Señor! (Sal 103).

Despierto con los brazos abiertos para abrazar el día que va a nacer, regalo de mi Dios y Señor. Espero este día como un hijo de mis entrañas de mujer que anhela alumbrar la novedad de Dios que se gesta en mí. Creo que todos tenemos una novedad que alumbrar. ¡Qué maravilla si fuéramos conscientes de ese regalo de Dios! Acojo este día, le canto, lo alumbro. Ya me he preparado para cuidarlo y vivirlo con toda la fuerza de mi corazón de mujer, cristiana y monja. ¡Qué eufórica despierto hoy, Señor! Salgo al claustro y escucho la sinfonía de la mañana. Miro al patio: ha llovido tanto esta noche que lo ha dejado todo como extasiado. Los pájaros empiezan a moverse, se desperezan. Me gusta escucharlos.

Paso a la celda, me descalzo por dentro y comienzo la *lectio*. En el nombre del Padre, y del Hijo, y del Espíritu Santo. *Me pondré en camino adonde está mi padre...* (Lc 15, 1-3. 11-32). Siempre que he creído que podía vivir libremente, a mi manera, me he perdido. ¿Por qué me pongo en camino? Porque me he perdido y tengo hambre. No puedo vivir lejos de quien me alimenta y cubre todas mis necesidades. Me pongo en camino porque necesito luz para descubrir la senda que me lleve al Padre que me espera con los brazos abiertos.

Necesito sabiduría para gestionar mi vida correctamente, según la voluntad de Dios y saborear su vivir en mí. Necesito inteligencia para entrar en la anchura del misterio de Dios y vivir el Reino que se encuentra dentro de mí. Necesito Vida de Dios para vivir en su honor con autenticidad, coherencia y libertad. Necesito perdón para mis pecados porque soy una pobre calamidad. Necesito hermanos para amarlos.

Cargada con todas mis necesidades me pongo en camino y ¡oh!, corre a mi encuentro el PADRE.

Señor Dios, antes de retirarme a descansar canto en acción de gracias a *tu misericordia y tu lealtad. Porque tu promesa supera a tu fama. Porque cuando Te invoqué me escuchaste, acreciste el valor en mi alma* (Sal 137, 2-3). Porque siempre estoy en camino hacia ti, pero Tú te me adelantas.

DOMINGO III CUARESMA. CICLO B. 4 DE MARZO DE 2018

Tú, Señor, tienes los ojos puestos en mí, porque *mi alma Te ansía de noche* (Is 26, 9). Gracias, Señor, qué bien he dormido, pero aun dormida he permanecido al lado de los hermanos que sufren, mueren, nacen... La Cuaresma es fiesta para mí, pues me prepara al perdón, a la misericordia, a la vida y me conduce a la Pascua.

Escucho... ¡Qué fuerte cae la lluvia! *Pero más que la voz de aguas caudalosas, más potente que el oleaje del mar, más potente en el cielo es el Señor* (Sal 93, 4).

Señor, Tú tienes palabras de vida eterna (salmo responsorial de hoy, 18). Me gusta escuchar tu Palabra envuelta en la música de la lluvia, belleza sonora que me conforta. La belleza es terapéutica, a mí me lo alivia todo.

En tu presencia, Señor, he abierto los ojos a un nuevo día. ¿Cómo será este día? Vivo confiada porque *Tú me guías con mano inteligente* (Sal 78, 72). Esto me da seguridad y me introduce en el MISTERIO.

No tendrás otros dioses frente a mí, no te harás ídolos... Porque yo, el Señor, soy un Dios celoso (Ex 20, 1-17). He experimentado a lo largo de mi vida los celos de Dios. Con su luz y suavidad me ha retirado lo que pudiera distraerme de su obrar en mí, de los ídolos que yo podría fabricarme. Me ha dado inteligencia para entenderlo y fuerza para asumirlo. Los huecos que han dejado en mí sus intervenciones los ha llenado Él con sus *palabras de vida eterna*... Soy gratitud en la claridad de su presencia.

No convirtáis en un mercado la casa de mi Padre (Jn 2, 13-25). Mi mundo interior es templo del Dios vivo. Con su luz lo he descubierto, por eso lo cuido con sencillez, y Él pasa a lo más íntimo de mi santuario, realiza su Liturgia y deja en mí Su aroma inconfundible.

Hace muchos años que descubrí algo importante para mí: podría yo hacer muchas cosas para serle agradable a Dios. Quedaría muy contenta de mi trabajo, y posiblemente un poco inflamada de vanidad. Pero pensé: «Si me pongo en sus manos para que Él realice su voluntad… ¿Qué será de mí? Esto estremece, pero orándolo se entiende que es mejor. Dios trabaja muy bien, yo no sé nada».

¿Qué signos nos muestras para obrar así? (Jn 12, 18). El signo más grande es el amor, pero no siempre se entiende porque se idealiza. El amor es Dios. Los signos de Jesús no se entendían entonces ni ahora. Vivir entre los pobres, perdonar a los pecadores, curar a los enfermos, mostrar al Padre… ¡Amor, puro Amor! Signos eternos que solo entiende quien ama. Y en trance de gratitud, vibro con la Palabra que me hace respirar la victoria: no es mi esfuerzo, ni mi querer, *sino tu diestra y la luz de tu Rostro, porque Tú me amas* (Sal 43, 3).

LUNES III CUARESMA. 5 DE MARZO DE 2018

En el nombre del Padre, y del Hijo, y del Espíritu Santo. ¡Gloria a los Tres! Es impresionante la ebullición que siento dentro: la vida nueva del Reino que al despertar me pone «en pie de guerra y de paz».

Quiero vivir, pero no sola. La vida es una realidad sublime, inmensamente bella. Eterna. Es la realidad de Dios que hemos de vivir entre todos. Cuando las cosas no marchan bien es que nos despistamos, nos desunimos, creo yo. Y Dios sigue amándonos, avisándonos. ¡Qué misterio! Dios desea que seamos felices aquí ya. Le interesa mucho, por eso nos manda profetas, pero los retiramos, nos parecen molestos... Y Dios sigue amándonos, y también los profetas, aunque los retiremos.

Llueve mucho, salgo a escuchar la música de la lluvia, su bella percusión sobre el suelo del patio, mientras los mirlos cantan en la torre. ¡Maravillosa orquesta! ¡Y no rompen el silencio! Yo sí tengo peligro de romperme en gratitud al Dios de la vida y la belleza. Sí, deseo romperme ante la Palabra de Dios. Siempre lo he deseado. Cuántas veces les aconsejaba a mis novicias: ¡Ábrete, rómpete! Nos asimos tanto a nuestros criterios, nuestras cosas, que no nos cabe la Palabra.

Muchos leprosos había en Israel... Ninguno de ellos fue curado más que Naamán el sirio (2R 5, 1-15). ¿Por qué? Sus ríos, sus dioses, los consideraba mejores que los de Israel. Pero ¡se rompió, se abrió, obedeció, renovó su mente y se obró el milagro! Obedeció a sus siervos. ¡Qué importante la obediencia! *Y su carne quedó como la de un niño... Ahora reconozco que no hay Dios en toda la tierra más que el Dios de Israel.* Claro, la luz entra en mí cuando me abro, así puede Dios actuar libremente, romper mis esquemas, acabar con mis seguridades, introducirme en sus planes y situarme en el riesgo de la fe, corriente de agua viva que puede limpiarme de mis lepras y mi *carne quedar como la de un niño.*

Toda yo soy gratitud al Dios que tanto nos ama.

MARTES III CUARESMA. 6 DE MARZO DE 2018

Señor Dios nuestro, no apartes de nosotros tu misericordia. En este momento no tenemos príncipes, ni profetas, ni jefes... Acepta nuestro corazón contrito y nuestro espíritu humilde... (Dn 3, 25. 34-43). Muchas veces esta oración de Daniel ha sido objeto de mi *lectio.* Hoy recuerdo aquel momento, ya lejano, en el que una experiencia me marcó bastante...

Era el 24 de diciembre de 1978. Aquel día me tocó guisar para las hermanas. A las once de la noche me dirigía al coro, un poco cansada, pero muy contenta porque tuve tiempo de adelantar la comida del día siguiente para que la hermana tuviera avanzado el trabajo en la Navidad. Todavía me quedaba una hora para descansar esperando el Nacimiento del Niño Jesús. A las doce de la noche comenzaba la Santa Misa.

Desde hacía algunos años intuía yo algo que me costaba ver claro, pero en ese momento que caminaba hacia el coro sentí en mi interior un estremecimiento... Y vi. Aquello lo sentí como una especie de bautismo difícil de expresar. Traducido en palabras lo más aproximadamente posible sería esto: «Van a ser colocadas en cargos de importancia personas de poca gestión que no estorben la obra que Dios piensa realizar». Lo vi con una claridad impresionante. Al pasar por la puerta del despacho de la Madre Priora la vi y se lo dije. Me miró fijamente muy seria. No entendió nada. Seguí mi camino hacia el coro. Allí recibí el regalo de Navidad: el desierto. Pasados unos años una de mis novicias se arrodillo junto a mí y me entregó un pequeño papel escrito con su letra. Lo leí y me estremecí.

> Una caravana guiada por un beduino, atraviesa el desierto. Cuando comenzó a dejarse sentir la sed, todos empezaron a salirse del camino, alucinados por la búsqueda del agua. Se trataba de espejismos. El guía se desgañita gritando: «¡Por ahí no, es por aquí!». De repente, uno que no podía soportar más aquellos gritos obsesivos, sacó la pistola y disparó contra él. Agonizante, boca abajo sobre la arena, continuaba el guía extendiendo la mano y murmurando: «Por ahí no, es por aquí»... Cuando de verás el guía se ha hecho fiable ha sido al final...

No sé de dónde sacaría este texto, me dijo que lo leyó en un libro y se acordó de mí. En el desierto todo se ve más claro y en casi cuarenta años desde aquella fecha, veo con dolor cargado de esperanza cómo se cumple todo. Dios está realizando una obra maravillosa. Me gusta mirar al horizonte para ver acercarse. *Anuncio cosas nuevas, antes de que se produzcan os las hago saber* (Is 42, 9).

Señor Dios nuestro, no apartes de nosotros tu misericordia (Dn, 3, 25).

MIÉRCOLES III CUARESMA. 7 DE MARZO DE 2018

Antes que sople la brisa del día y huyan las sombras… Vuelve, Amado mío (Ct. 2, 17). Escucho al despertar… Dios se pasea por mi celda. ¿Cómo oigo los pasos de Dios? Como ráfagas de luz y de paz. ¡Es Él! Estreno el día con ilusión y camino en su presencia con sencillez.

Mirad, yo os enseño unos mandatos como me ordenó el Señor… Guardadlos porque son vuestra sabiduría y vuestra prudencia (Dt 4, 1. 5, 9). Una de las cosas que más me ha interesado siempre, es ajustar mi vida a la voluntad de Dios, guiada por su Palabra y ayudada por las personas que ha puesto en mi camino. He evitado lo que pudiera distraerme del deseo de Dios sobre mí, en cada momento.

Penitencias que pudieran llevar mi atención a creer que Dios las necesita y quedarme muy contenta de esas prácticas, no me han atraído, pero sí me interesa mucho la fidelidad, la atención al querer de Dios.

Recuerdo que me gustaba ir al Sagrario cuando me quedaba algún rato libre y me sentaba en el suelo para escuchar al Señor. Algunas veces oía la invitación de ir a ayudar a alguna hermana que me necesitara.

A esta fidelidad me refiero, pues me lleva más allá de lo que yo creo que agrada al Señor, para entender y realizar lo que en verdad le complace. Y por este camino sigo ahora que soy mayor. Me parece que esta es la ley y la auténtica observancia de una monja pobre como yo.

No creáis que he venido a abolir la ley y los profetas (Mt 5, 17-19). Un día, ya lejano, novicia yo, miraba por las ventanas de mi celda hacia las montañas que tantas veces visité, y me sorprendí pensando: si viniera Jesús a descomplicar todo esto, me gustaría mucho. A través de los siglos se nos han pegado legalismos que nos impiden ver y vivir la sencillez del Evangelio. No me atreví a comentarlo con nadie. Ahora pienso que lo que vivimos es una intervención amorosa de Dios, aunque nos duela, una catarsis que nos simplificará para vivir la plenitud que Jesús desea dar a la Ley. *No he venido a abolir, sino a dar plenitud* (Mt 5, 17). Este momento que vivimos visto a través del Evangelio, vislumbro una profundidad inmensa que no sé expresar, pero la vivo con dolor, con hondura y esperanza, con amor. Dios nos ama entrañablemente y está realizando Él lo que nosotros no alcanzamos a ver. *Algo nuevo está naciendo...* (Is 43, 19). Esta Palabra me arranca de la rutina, de la mediocridad, de la vulgaridad. *Él rescata tu vida de la fosa y te colma de gracia y de ternura* (Sal 103, 4).

JUEVES III CUARESMA. 8 DE MARZO DE 2018

En el nombre del Padre, y del Hijo, y del Espíritu Santo. Despierto. *¡La voz de mi Amado!* (Ct, 2, 8). Él es, cada día, mi Sorpresa renovadora que me facilita ser mujer. Carezco de la necesidad de un día especial para reivindicar y celebrar que soy mujer. Especialmente lo celebro todos los días. Y me celebra el Señor Dios a mí, que me creó mujer con la colaboración del amor de mis padres.

¿Qué es para mí ser mujer? Ser yo misma. A esto me ayuda vivir el presente con sencillez sintiéndome crecer, mientras camino hacia el futuro que Dios me permite intuir lleno de su Amor.

Ser mujer, cristiana y monja, es complemento indispensable para que la Humanidad siga en pie y camine hacia Dios entre sus pobrezas, los avatares de la historia y el amor del Señor que la espera.

Ser mujer, cristiana y monja, es ser seno materno universal en expectación constante de un fecundo parto cósmico. ¡Qué bien se entiende todo esto en el silencio monástico de este patio que contiene la realidad mística del Universo, la Humanidad y la Historia.

Esto dice el Señor: Escuchad mi voz. Yo seré vuestro Dios y vosotros mi pueblo. Caminad por el camino que os mando (Jr 7, 23-28). Mis ojos se deshacen en lágrimas de emoción ante esta Palabra. Dios no se cansa de llamar, prometer, amar... *Para que os vaya bien* (Jr 23, 24). *Pero no escucharon... Caminaban según sus ideas...* (Jr 23, 25). Dios se queja, sufre de alguna manera.

Le pedían un signo en el cielo... (Lc 11, 14-23). ¿Más signos? *Si Yo echo los demonios con el dedo de Dios, entonces es que el Reino de Dios ha llegado a vosotros.* ¿Qué me indica esta Palabra? El Reino de Dios es semejante a una monja, muy pobre y muy defectuosa, que cayó en la cuenta de su realidad porque escuchó la Palabra. Al abrir sus oídos oyó a María Santísima. María le aconsejó: *Haz lo que Él te diga* (Jn 2, 5). La monja se lo tomó en serio. Inclinó su dura cerviz, se abrió, esperó, enfocó su mirada hacia el horizonte del futuro, porque comprendió que es la mejor forma de adelantar *el cielo nuevo y la tierra nueva* (Cf. Is 43, 19) que tenemos prometidos. Creo que esto es *estar con Jesús y recoger con Él* (Lc 11, 23).

En el nombre del Padre, y del Hijo, y del Espíritu Santo. *Despierto a la aurora* (Cf. Sal 56, 9) cantando un cántico nuevo. ¡Qué bien he dormido! Descanso en Ti, Señor, porque Tú vives en mí. Espero en Ti Señor, porque Tú esperas en mí. Esto me responsabiliza mucho, y aunque el dolor se me acerque, vivo en la libertad de saber que, situaciones difíciles por las que paso y pasaré, Jesús las vive conmigo, se queja conmigo y me ilumina cuando me paso, cuando no llego o cuando me quedo en el medio.

Salgo al claustro, me asomo al patio, lugar perfecto para extenderme y alcanzar el mundo entero con todos los hermanos, sus problemas, sus oscuridades, sus luces y sus bellezas. Experimento que el silencio es el mejor medio de comunicación para conectar con todos y vivirlos plenamente.

Yo soy el Señor Dios tuyo, escucha mi voz (salmo responsorial de hoy, 80). Sí, Señor, Te escucho, he abierto mis oídos para Ti.

Israel, conviértete al Señor tu Dios (Os 14. 2-10). Señor, para mí, convertirme es eso que me sucede después de escucharte, abrir los ojos y recibir tu luz: descubro tu deseo de pactar conmigo, descubres mi deseo de pactar Contigo con todas las consecuencias. ¿Cuáles?: *No tendrás un dios extraño, no adorarás a un dios extranjero* (Sal 80). Señor, Tú lo sabes: *los dioses y señores de la tierra no me satisfacen* (Sal 15). Gracias, Señor, porque nos das tu luz y tu verdad que nos facilitan la conversión.

¿Qué mandamiento es el primero de todos?, preguntó un letrado al Maestro. *Escucha, Israel, el Señor nuestro Dios es solamente uno. Amarás al Señor con todo tu corazón… Y al prójimo como a ti mismo. No estás lejos del Reino de los Cielos* (Mc 12, 28-34).

El Reino de los Cielos es semejante a una comunidad de necesitados. La comunidad escucha la Palabra y la acoge. En la comunidad pobre y defectuosa reina la Palabra. Sus miembros se estremecen mientras Dios se complace y realiza maravillas en ella: la vivifica, la simplifica, y aunque no se dé cuenta, ni hable, ni pronuncie, ni resuene su voz, es, en la Iglesia fermento del silencio, de la comunión, del amor y de la belleza de la TRINIDAD, para gloria del Padre, y del Hijo, y del Espíritu Santo.

¿Qué es para mí amar al prójimo como a mí misma? Escuchar al Maestro, vivir el Evangelio compartir lo que entiendo, aceptar mi pobreza con sencillez, amar y entregar la vida, me enseña mi Maestro.

SÁBADO III CUARESMA. 10 DE MARZO DE 2018

Gloria a Dios que me regala un nuevo día para soñar. Soñar en el Misterio, vivir en el Misterio es pisar la tierra que Dios me regala para caminar por la vida amando, para mirar y celebrar la belleza de todas las cosas, desde la realidad que, amada tal como es, conduce al Reino cuando se vive para mejorarla.

Me encanta vivir con los pies en el suelo. El suelo que también pisó Jesús y sigue pisando con nuestros pies. Me encanta la *lectio* porque me ayuda a seguir a Dios paso a paso, mientras Él contempla mi vivir.

Esforzaos por conocer al Señor, su amanecer es como la aurora y su sentencia surge como la luz (Os 6, 1-6). Conocer a Dios con el corazón limpio y transparente. Esto lo puedo conseguir si mis deseos de autenticidad descansan en el Señor.

Nuestro Dios desea ser bien tratado en sus hijos todos. Por eso manda que escuche a los profetas, con ellos me transmite sus proyectos sobre mí que siempre son de paz, de alegría, de amor, de vida nueva.

Quiero misericordia y no sacrificios (salmo responsorial de hoy, 50). Cuando guardo silencio oigo algunas veces: «No te inventes sacrificios para agradarme, ámame en los hermanos. El amor lo sacraliza todo».

Señor, te doy gracias por este momento. ¡Qué mediodía tan bello, con la lluvia, la tormenta, el viento, todo es música, todo silencio! Es sagrado todo lo que contemplo.

El fariseo, erguido, oraba en su interior: ¡Oh Dios!, te doy gracias porque no soy como los demás... El publicano se quedó atrás y no se atrevía a levantar los ojos al cielo (Lc 18, 9-14). ¿Cómo trato yo al fariseo que tengo dentro? No esquivo su presencia, lo miro, le planto cara, se lo presento a Dios y queda desactivado. ¿Qué hago con mi publicano? Profundizo en su humildad, fruto de su conocimiento propio, considero el comportamiento de Dios con él y le doy gracias por su misericordia.

Buenas noches, Señor Dios, me retiro a la celda con la alegría de haber vivido mi día sencillamente. Sentirme entendida por Ti me ayuda a vivir más allá y asumo, con humildad, mi pobreza. Ver más allá es una gracia que me coloca en el suelo, en la realidad, en la vida y en el cielo.

DOMINGO IV CUARESMA. CICLO B. 11 DE MARZO DE 2018

¡Gloria a Dios en el Cielo y paz entre nosotros! Paz en este momento en el que todo se mueve en busca de algo... Solo podremos encontrarlo en la profundidad de nuestros corazones. En ese espacio hondo que Dios desea iluminar para que lo descubramos a Él.

La luz vino al mundo y los hombres prefirieron la tiniebla (Jn 3, 14-21).

Salgo al claustro, silencio y paz. Me asomo al patio: profundidad, belleza y armonía. Miro al cielo. Mechones de nubes blancas corren desmelenadas hacia no sé dónde, tienen prisa por llegar. En un momento ha quedado el cielo limpio, y las estrellas, con la luna menguada, sonríen al asomarse al mundo para iluminarlo y embellecerlo. Cada día en el patio, visto desde arriba, me doy cuenta de que no es un espacio cerrado sino un acumulador de luz, capaz de surtir a toda la Humanidad. Y, aunque nadie lo sepa, es una realidad viva y benéfica para todos.

Dice Jesús a Nicodemo: *El que realiza la verdad se acerca a la luz para que se vea que sus obras están hechas según Dios* (Jn 3, 14-21).

¿Cómo se realiza la verdad? Con el Evangelio en la mano y en el corazón la Palabra que nos limpia por dentro. Sí, pero ¿cómo? En mi caso, dejándome bajar a lo hondo de mí misma y, después de que Dios realice su obra a su manera, me sube y... ¡oh! ¡Algo nuevo ha sucedido en mí! Sigo siendo tan pobre y tan defectuosa, pero más ancha por dentro, más libre. Más luz, mucha más luz... Iría por el mundo gritando: «¡Dejad que Dios os trabaje, merece la pena!». Busco a Jesús como Nicodemo.

Las obras son: amor a los demás, sean como sean, comprensión, acogida, dar lo que Dios me regala, y hasta mi pobreza. Es Dios el que lo realiza. Amor a mí misma, comprensión conmigo, humildad, alegría, danza interior, etc.

Me impresiona mucho el amor de Dios. *Envió desde el principio avisos por medio de sus mensajeros porque tenía compasión de su Pueblo y de su morada... Pero ellos se burlaron de los mensajeros de Dios, despreciaron sus palabras y se mofaron de sus Profetas, hasta que subió la ira de Yahvé contra su Pueblo a tal punto que ya no hubo remedio* (2 Cr 36, 15-16). Mi experiencia de esto es dolorosa, pero algunas veces no distingo si es Dios el que gime o soy yo. Mi alegría es que Dios no se cansa de amarnos y buscarnos.

Buenos Días, Padre Dios. Me ha despertado tu Espíritu, el que me enseña a llamarte y saberte Padre. El que me ilumina y sensibiliza para saberme hija tuya. El que me ensancha para vivirme hermana de todos los hermanos. El que gime en mi profundidad con gemidos de novedad eterna. El que me espera en el patio, para que pueda sentir la respiración de todos los niños del mundo y vivirlos como míos.

Pienso que el asesinato de los niños tiene mucho de la Pasión de Jesús. Lo veo como un mensaje de la vida y de la VIDA a todos los matrimonios, en especial a los separados. Que cuiden y amen a sus hijos debidamente, en ellos Dios nos regalará un futuro espléndido. Que escuchen lo que nos dice hoy el profeta Isaías, abran los ojos y vean: *Mirad, yo voy a crear un cielo nuevo y una tierra nueva: de lo pasado no habrá recuerdo... Habrá gozo y alegría perpetua por lo que voy a crear* (Is 65, 17-21). *Habrá un camino real para el «resto» de su pueblo* (Is 11, 16). *Os daré un corazón nuevo..., infundiré mi espíritu en vosotros* (Ez 36, 26).

Grito esta bella realidad a todos los hermanos del mundo. Mi vida en un ¡grito! desde una pobreza inmensa habitada por Dios. Deseo mucho que todos descubramos al Dios que tenemos dentro.

Como no veáis signos y prodigios no creéis... Creyó y se puso en camino (Jn 4, 43-54). Una condición indispensable para creer es tener ojos adecuados, querer abrirlos y desear ver. Y ponerse en camino hacia la LUZ. Es así como la gracia de Dios se apodera de la persona. Lo sé por experiencia. Creo en Jesús porque acontece en mí. Lo he visto y puedo dar testimonio. Es una gracia a la que me he abierto por necesidad. Necesidad que pone en mí el Espíritu.

En la vida, no es que todo me vaya bien, pero me cae perfecto según mi voluntad conectada con la de Dios. *Un profeta no es estimado en su propia patria* (Jn 4, 44). Es verdad, un poco de esto he vivido yo, pero así es como he entrado en contacto con Jesús. Muchas veces ante el Sagrario Le he preguntado, con todo el dolor que llevaba dentro: «Dime, Señor, ¿qué sentías Tú cuando les hablabas y no te entendían?». La respuesta que recibía después de un rato de silencio era luz, paz, amor...

MARTES IV CUARESMA. 13 DE MARZO DE 2018

Rumor de aguas torrenciales me despierta. *Aquí estoy, Señor* (1 Sm 3, 4). Y mirando al patio, desde arriba, estallo en bendiciones: ¡Desde que amanece hasta la noche alabado sea el Señor, que me sostiene!

Me condujo a la vuelta por la orilla del torrente... Estas aguas corren a la comarca del levante... Y desembocarán en el mar, el de las aguas de la sal y lo sanearán (Ez 47, 1-9. 12). En mi mar interior desembocan las aguas de la Palabra *como un torrente en crecida* (Is 66, 12). Y sanean mis ideas, mis pensamientos, mis ilusiones, mis proyectos, mis esperanzas, mis afectos... Toda mi personalidad.

Jesús «tiene suerte conmigo»: no Le dejo en el paro, pues Le tengo pendiente de mí para lanzarme a la piscina de la Gracia, de donde salgo curada de todo lo que se me arrima en cuanto me descuido.

Levántate, toma tu camilla y echa a andar (Jn 5, 1-3. 5-16). Mi camilla soy yo, si me cargo de mí misma quedo como paralítica, no puedo andar. Pero al menor síntoma se presenta Jesús con su luz que me ilumina, su fuerza que me despoja y su voz que me pone en marcha: *Echa a andar.*

Mira, has quedado sano, no peques más no sea que te ocurra algo peor. ¿Qué puede ser lo peor que me ocurra? Olvidarme de lo que Dios ha hecho conmigo y entrar en las sombras de la vulgaridad, de la rutina y de la mediocridad.

Señor, me retiro a descansar cantando: *La salvación y la gloria y el poder son de nuestro Dios por los siglos de los siglos* (Ap 19, 1).

MIÉRCOLES IV CUARESMA. 14 DE MARZO DE 2018

En el nombre del Padre, y del Hijo, y del Espíritu Santo. Aquí estoy, Señor, dispuesta a comenzar una nueva jornada con alegría, aunque no he dormido bien, siento molestias en la cabeza.

Te bendigo, Señor, porque me has regalado unos ojos que ven más allá de todas las cosas, donde la belleza de tu obra es un derroche de gracia. Me gusta descubrir, en todos los ojos que me miran, el paso del Señor por sus vidas, con su amor, su perdón, su belleza y su salvación. Me encanta disfrutar la gloria de Dios en las noches estrelladas, en la serenidad de su belleza, en su música callada, en su silencio acogedor. Bueno, en todo... Me emociona sentir, desde aquí la palpitación de los hermanos al comenzar el día, que saludo entre el susurrar de pájaros soñolientos, que no acaban de despertar, y la danza del cinamomo, la adelfa y el limonero, al ritmo de la brisa que precede al amanecer.

Qué oportuna para mí es la Palabra hoy. Isaías canta con alegría la salvación de *Dios clemente y misericordioso, cariñoso con todas sus criaturas, fiel a sus palabras, justo en todos sus caminos, cercano a los que lo invocan sinceramente* (salmo responsorial, 144).

Te he constituido alianza del pueblo, para restaurar el país, para repartir heredades desoladas (Is 49, 8-15). Señor, tú me has puesto aquí. «¿Para restaurar?». Situación difícil, que vivo en soledad... Soy consciente de la dificultad, Tú verás lo que haces... Cuando se proponen soluciones para evitar decadencias... no parecen viables. Pero si deseamos caminar al paso de Dios hay que arriesgar, salir de la rutina, desinstalarse... Esto es algo que realiza el Señor, lo nuestro es escuchar y discernir para distinguir su voluntad de la nuestra, y caminar al paso de su voluntad con nuestra pobreza, que Él conoce, y con su ayuda, si se sabe aprovechar. El Señor siempre va delante con sus avisos amorosos.

La situación que vive ahora la Vida Monástica expresa el deseo de Dios: que volvamos a las Fuentes, al Evangelio, pues parece que nos hemos desviado. ¿Qué puedo hacer yo ahora que desde hace mucho tiempo veo a mis monjas cautivas de recuerdos, añoranzas, miedos...? *Decir ¡salid!, a los cautivos*, a los ojos poco abiertos a la claridad de Dios... *Y a los que están en tinieblas: ¡venid a la luz!* ¿Qué puedo hacer si no se me escucha...? Ponerme en las manos de Dios y esperar, no tengo otra alternativa. Soy la Vida Monástica, soy la Iglesia, soy una generación que agoniza, pero, al mismo tiempo, me siento embarazada de la generación nueva que empuja para nacer a un mundo nuevo y eterno: el Evangelio de Jesús, el Hijo de Dios. Momento difícil para mí... Escucho... *¿Es que puede una madre olvidarse de su criatura?... Pues aunque ella se olvide yo no te olvidaré* (Is 49, 15).

JUEVES IV CUARESMA. 15 DE MARZO DE 2018

Despierto, me signo, bendigo este momento, regalo de Dios, preparado para mí. Es un honor, lo agradezco con la vida que estreno ahora mismo. Me asomo al patio desde arriba, veo que ha bajado al fondo de sí mismo mirándose en el espejo de las aguas de lluvia que llenan el suelo. Mientras contemplo tanta belleza comienza a llover de nuevo, y todo danza con alegría al compás de la lluvia y la brisa que lo mueve. Bendigo a Dios que despierta todas las cosas y las viste de hermosura y de luz. Vuelvo a la celda, entro en mí misma, me miro en María, la Madre de Jesús, y, al contrario del patio, me reflejo arriba.

Moisés, anda, baja del monte que se ha pervertido tu pueblo... Pronto se han desviado del camino que yo les había señalado... Es un pueblo de dura cerviz... Mi ira se va a encender contra ellos (Ex 32, 7-14). Pobres de nosotros si no hubiera «Moiseses» que desconocemos y son los que Dios escucha para salvarnos. *¿Por qué, Señor, se va a encender tu ira contra tu pueblo? Aleja el incendio de tu ira.* Me conmueve el amor de Moisés a su pueblo que, además, no se portaba bien con él. Este pasaje siempre me ha impresionado mucho.

Dios hablaba ya de aniquilarlos; pero Moisés se puso en la brecha frente a Él para apartar su cólera del exterminio (salmo responsorial, 105). También yo me encuentro en la brecha con María, como soy pequeña y pobre, con Ella puedo más. ¿Cuál es mi brecha? El espacio abierto en mi corazón que la voluntad de Dios perfora. La fuerza de Moisés no la poseo, pero intercedo con mi pobreza y todo el vigor de que soy capaz, porque soy la Iglesia, la Vida Monástica, los sacerdotes, toda la Vida Consagrada, el Pueblo de Dios, la Humanidad entera... ¿Cómo a mí, tan pequeña, me cabe tanto? Porque María me aconseja: *Ensancha el espacio de tu tienda* (Is 54, 2). Y entre las dos podemos todo.

Yo he venido en nombre de mi Padre y no me recibisteis... Si creyerais a Moisés, Me creeríais a Mí, porque de Mí escribió él (Jn 5, 31-37). Jesús Se encuentra entre nosotros. Ha venido en nombre de su Padre. Deseo mucho escucharlo cuando habla por medio de alguien y dice la Verdad, la que nos hace libres. Pido a Dios mantenga siempre mis oídos abiertos a sus mensajeros y mi vida despejada para acogerlos.

Las obras que hago dan testimonio de Mí... ¿Cuáles son esas obras por las que yo puedo creer? Creo en Él porque vive su soledad en mí, y su libertad, y su amor a todos los hermanos. ¿No estaré engañada? No, me da seguridad la paz que tengo dentro, la anchura, la serenidad, el conocimiento propio y María que me acompaña. También mi Ángel de la guarda.

En la *lectio* la Palabra me devora. *Esto me hace más sabia que mis enemigos* (Sal 119, 98), los que tengo dentro... Y me abro paso entre ellos y me alejo de ellos mientras voy acercándome al Reino.

¡Con qué solemnidad me recibe el silencio de mi celda al despertar! Lo escucho con respeto profundo, oigo mi corazón y doy gracias a Dios por sentirme viva. La gratitud es mi saludo al Señor de mi despertar. Aún de noche, me instruye internamente mi Maestro. Me gustaría saber expresar las vivencias de mis noches en Él y sus luces en mí. Salgo al claustro, todo silencio, las hermanas aún duermen, me asomo al patio. Vuelvo a la celda después de un rato. He escuchado el despertar de los pájaros. Me hace mucha gracia oírlos mientras se desperezan y afinan sus flautas de pico. Ahora escucho la flauta de Jean Claude Mara, *La Creación*, me gusta mucho. Dejo la música y comienzo la *lectio...*

Acechemos al justo, que nos resulta incómodo (Sb 2, 1. 12-22). Claro, la historia de siempre. Es el caso de Jesús y el de quien se sienta llamado a seguirlo de cerca y de verdad. ¡Pero, merece la pena! Cuando el Dios de la vida pone a alguien en ese camino y avanza por él con decisión y libertad... ¡que se prepare!... Pero vale la pena. Se ha de pertrechar bien. Tomar sobre sus hombros la luz, la humildad, la valentía y la Cruz de Jesús. Pero merece la pena...

Jesús, mientras enseñaba en el templo, gritó: a Mí me conocéis y conocéis de dónde vengo... Yo no vengo por mi cuenta, sino enviado por el que es veraz (Jn 7, 1-2 .10. 25-30).

Alguna vez me he preguntado: ¿por qué, a las personas que nos hablan de la Verdad, o nos avisan de que el camino que hemos tomado no es el más correcto, las retiramos para que no molesten? Me impresiona mucho esto... Los ¡gritos! de Jesús me suenan en el alma constantemente. También yo grito mucho, desde hace muchos años. Mis gritos no encuentran oídos, al menos a mi alrededor. Creo que esto tiene mucho de pasión y muerte para acabar en Resurrección.

Al Veraz vosotros no lo conocéis. Yo sí lo conozco porque procedo de Él (Jn 7, 25). ¿Conozco yo al Veraz? Entro en mi aposento armada de grandes deseos de luz, fuerza, decisión y valentía, para destrozar los ídolos que intentan entrar en mí por cualquier resquicio. ¡Qué cuidado es necesario para que no nos engañen! Constantemente pido al Señor fidelidad, luz para descubrirlos y fuerza para derrotarlos.

SÁBADO IV CUARESMA. 17 DE MARZO DE 2018

Buenos días, Señor. *Tengo ante los ojos tu bondad* (Sal 25, 3), realidad que me pone en marcha para caminar en tu verdad en el día de hoy. Dame tu mano y ven conmigo.

Como no tengo responsabilidades que se vean, me doy cuenta de lo bonito que es ser monja, lo interesante y lo importante que es esto de ser monja... Monja de todos los tiempos, de todas las mentalidades, de todos los problemas, dolores y alegrías, de todas las situaciones, de todo... Monja al estilo de María Santísima, ¡tan sencillo!

El Señor me instruyó y comprendí... (Jr 11, 18-20). ¿Qué comprendí? Que ser monja es «ser lo que es Cristo», frase que llevo grabada en el anillo y en el corazón. Como lo dijo mi Padre san Jerónimo yo me lo creo, porque no me faltan ocasiones de vivirlo, gracias a Dios.

Señor, Tú que sondeas el corazón y las entrañas, (salmo 7, responsorial de hoy), hazme llegar hasta el fondo más hondo de mi corazón, donde te encuentras Tú. Creo que es un aula importante para recibir tus enseñanzas: *El Señor me instruyó y comprendí.*

Jamás ningún hombre ha hablado como este hombre (Jn 7, 40-43). ¿Cómo ha hablado Jesús? Para entenderlo he de pasar de mi mentalidad a la suya. ¿Cómo? Muy sencillamente: a través de la *lectio* observo que me atrae mucho el Señor Jesús, Él se deja conocer y yo me dejo «embaucar».

En el nombre del Padre, y del Hijo, y del Espíritu Santo. Aquí estoy, Señor, grano de trigo soy de los trigales de Castilla. Tierra del Pan, de Zamora. ¡Qué maravilla!

Señor, desde muy pequeña y durante toda la vida, has caminado conmigo y me has preparado para entrar en tu voluntad. A mi alrededor tengo gente que sufre mucho porque todo ha cambiado y no para de cambiar. Para vivir este momento en plenitud, creo que debo abrirme a la luz y al dinamismo del Dios vivo. El Dios que dirige mi *lectio* me ayuda a ello.

Mirad que llegan días en que haré con la casa de Israel y con la casa de Judá una alianza nueva. Meteré mi ley en su pecho y la escribiré en sus corazones (Jr 31, 31-34). Leo mi corazón porque me creo la Palabra. Cuando yo era novicia me sorprendí muchísimo, porque en la oración entendí que la Biblia estaba escrita en mi pecho. Desde entonces leo y releo mi corazón y doy gracias a Dios por todo lo que puede contener este corazón de monja tan pequeña como yo. Pero la medida de Dios es La Infinitud.

Mis gustos son más bien tradicionales. Si me hubiera cerrado a lo que siempre ha sido, creyendo que es lo mejor, hubiera terminado en una gran pobreza de luz. Pero, cada día al despertar, me abro como un libro nuevo y me leo de forma nueva, para entender y vivir, sencillamente, en la LUZ que nunca se apaga.

¡Cuánto sufrimiento innecesario! ¡Cuánta inquietud! Creo que Dios nos llama, nos pide apertura para hacer con nosotros «alianza nueva» que nos cuesta interpretar y acoger. Prefiero yo poner mis ojos en lo fundamental, en lo que no cambiará nunca: el Dios de la vida todo lo hace nuevo siempre. Esto es esencial. Pido a Dios constantemente un gran sentido del discernimiento para distinguir lo caduco de lo fundamental: el Amor es nuevo cada segundo. La Alianza de Dios con nosotros, la renueva siempre. Los Caminos del Señor son verdaderos y flamantes. El Perdón de Dios experimentado, es fundamental. Es así como se cumple lo que dice el Profeta: *Todos me conocerán, desde el más pequeño al más grande... cuando perdone sus pecados* (Jr 31, 34).

Termino mi *lectio* con los gentiles que fueron a la fiesta, se acercaron a Felipe y le rogaron: *Señor, queremos ver a Jesús* (Jn 12, 20-33). Yo también quiero terminar cantando con Teresa de Jesús:

> *Veante mis ojos,*
> *dulce Jesús bueno.*
> *Veante mis ojos...*
> *¡Muérame yo luego!*

SAN JOSÉ. 19 DE MARZO DE 2018

Como José de Nazareth y con él, *cantaré eternamente las misericordias del Señor* (Sal 88, 1). Porque lo más hermoso de mi despertar es la seguridad de encontrarme con la mirada de Dios. ¿Cómo es esta mirada? Mis ojos interiores la perciben como luz, amor y paz. Esto que me bulle dentro, me levanta, me mueve, me anima, me sostiene, pase lo que pase, me asegura que el Señor me ha creado para su luz. *En Ti, Señor, está la fuente de la vida y tu luz me hace ver la luz* (Sal 36, 9). Y así, con mi manto de luz, salgo al claustro, me asomo al patio, y desde aquí, antes de amanecer, recorro el mundo gritando a los hermanos que dejen las discordias, las guerras, las tensiones y se abran a la luz que a todos nos envuelve. Lo mío es gritar, lo he aprendido de mi Maestro. ¿Qué grito? Que en medio de tantas dificultades nos atrevamos a soñar con un mundo mejor, el que sueña Dios para nosotros... ¡Soñemos, hermanos, soñemos! Que Dios también sueña.

Se le apareció en sueños un ángel del Señor... Cuando José se despertó hizo lo que le había mandado el ángel del Señor (Mt 1, 16.

18-21. 24). Alguna vez me ha sucedido como a José, en sueños he recibido noticia de algo para lo que necesitaba prepararme especialmente. Es una noticia como un fogonazo: de pronto ilumina y desaparece. Doy gracias a Dios porque durmiendo y soñando me instruye, me ilumina, me avisa, me corrige.

Hijo, ¿por qué nos has hecho esto? Tu Padre y yo te buscábamos angustiados (Lc 2, 48: antífona de las II Vísperas). ¡Te buscamos, Señor, aun sin darnos cuenta, porque Te necesitamos! Mi búsqueda es apasionada, a veces angustiada participando de la angustia de María y de José que siguen buscando al Hijo entre nosotros. Participo del dolor de los padres que buscan a sus hijos asesinados, violados, secuestrados... Busco a Jesús en todos los hermanos, en el Universo, en la Historia... Y recibo la alegría de encontrarlo buscándome.

Palabra que me «infinitiza»: *Te fundaré un linaje perpetuo* (Sal 88, 4). Se cumplirá en mí, se está cumpliendo, lo intuyo, no sé cómo se cumple, pero Dios sí lo sabe. Mi linaje será perpetuo. No es cuestión de saberlo, ni de entenderlo, es una realidad viva... No sé expresarlo... Puede cumplirse en cada persona. Me da mucha pena que nos llegue la hora de partir y no hayamos descubierto, disfrutado, ¡vivido!, estas realidades tan grandes, regalo de nuestro Dios, que todos poseemos en nuestro mundo interior.

MARTES V CUARESMA. 20 DE MARZO DE 2018

Ya estoy despierta. ¡Gloria a ti, Señor! ¡Voy, voy, Señor! Siento prisa por empezar a vivir con una consciencia nueva. Recibo con cariño el día que me regalas, Señor, lo viviremos juntos con sencillez y apertura universal en esta jornada de retiro. A gritos haré llegar esto a los hermanos, es importante. Comienzo el día de retiro con la ilusión de acercarme a Ti más, porque es la mejor forma de vivir junto a los hermanos.

Enciendo mi corazón con el amor al Señor Jesús, Él me lo mantiene libre, limpio, acogedor y encendido. ¿Cómo? Sabe que soy una calamidad y escucha mis gritos, por eso me cuida con amor.

Yo me voy y me buscaréis (Jn 8, 21-30). Sí, Señor, Te buscamos sin saber que Te tenemos dentro.

¿Quién eres Tú? (Jn 8, 25). Él no me dice quién es, camina conmigo y lo descubro por su obrar en mí: *Tus acciones, Señor, son mi alegría, y mi júbilo las obras de tus manos. ¡Qué magníficas son tus obras, Señor, qué profundos tus designios!* (Sal 91, 5-6).

Yo soy de allá arriba… Si no creéis que yo soy, moriréis por vuestros pecados… Cuando levantéis al Hijo del Hombre sabréis que yo soy (Jn 8, 21-31). ¡¡¡Esto es impresionante!!! A Jesús le preguntan: ¿Quién eres tú?. Y yo me pregunto: ¿Quién soy yo? ¿De dónde vengo? ¿Adónde voy? ¿Quién soy? Soy obra de la Palabra que me pronunció antes de los siglos. ¿De dónde vengo? Existo antes que la aurora de los tiempos. Desde allí empecé a caminar en la mente de Dios. ¿Adónde voy? Me indica el camino Quien fue levantado para que todos sepamos Quién es y Lo sigamos.

Día especial de retiro. Me ha ayudado mucho en este momento. Ahora se habla poco de las virtudes, y esto es cosa de todos los tiempos.

¡Mi alma tiene sed del Dios vivo! (Sal 41, 3). Por el camino iluminado por la luz y la verdad de Dios, corro hacia las fuentes de agua viva.

MIÉRCOLES V CUARESMA. 21 DE MARZO DE 2018

¡A Ti, Señor, gloria y alabanza por los siglos! (Dn 3, 52. 53. 54 55. 56). Despertar, sentirme viva, oír tu llamada desde dentro de mí, es lo más grande que le puede pasar a una monja tan dimi-

nuta como yo. Asomarme al patio, empezar a cantar, despertar a los pájaros y crear coro con ellos, es lo más hermoso que le puede pasar a una monja tan defectuosa como yo. Ver clarear el día, ensanchar el ama, llenarla de hermanos, pasear por el mundo cogidos de la mano, es lo más fraterno que puede vivir una monja como yo. ¡Monja de clausura que se pasea por el mundo como por su monasterio!

Si os mantenéis en mi Palabra seréis de verdad discípulos míos. Conoceréis la Verdad y la Verdad os hará libres (Jn 8, 31-42). ¿Me mantengo yo en la Palabra? Es la Palabra la que se mantiene en mí, y yo la acojo y vivo de forma que ella se encuentre cómoda en mí y no se vaya por falta de atención. ¿Conozco la Verdad? La siento cumplirse en mí. ¿Cómo? Cuando se toma en serio la Palabra, lo primero que se experimenta es la soledad. ¿Por qué? Porque la Palabra cambia todos mis esquemas, a los que puedo estar apegada sin darme cuenta. A partir de ahí ya no te entienden los que te rodean: esa es mi experiencia. La soledad que se siente no es amarga, porque comprendo que no me entiendan y sigo amando sin dificultad. Cuando mis esquemas son arrastrados por la corriente de la Gracia que corre en mi interior como un torrente. Cuando han quedado bajo las aguas tantas cosas mías, he conocido la verdad: Jesús me ama. Yo lo busco apasionadamente. Y vivo libre, sin miedos, porque Él está siempre atento a sacarme de cualquier engaño y ponerme en la verdad. Esto es un proceso que dura toda la vida.

Bendito sea Dios, que envió a su ángel a librar a sus siervos que, confiando en Él, despreciaron la orden real y expusieron la vida antes que dar culto a otros dioses que el suyo (Dn 3, 14-20. 91-92. 95). Pienso en los tres jóvenes de Daniel, y me siento invitada a confiar en el Dios que da la fuerza y la gracia para destrozar todos los ídolos.

¡Señor, abre mis labios para cantarte al estrenar este día lleno de tu vida y tu verdad! Se me han adelantado los mirlos, ahora mismo salgo para acompañarlos. ¡Qué bello el color del cielo! Blanco con un tono suave de azul por el occidente. ¡Qué transparencia la del cielo! Parece un espejo en el que veo reflejados a todos los hermanos del mundo, y sonreír a María Santísima. La serenidad del patio me pone de rodillas por dentro porque lo invade la Presencia de Dios. Escucho y oigo la respiración del Universo y me siento desbordada. Quisiera salir gritando para que me oigan todos los hermanos: ¡Abrid los oídos, los ojos, gustad, oled, palpad…! ¡Dios se vuelca en nosotros! Es importante aprovechar al Dios que se nos regala tan generosamente. Esto es el Reino, lo tenemos aquí ya. ¡Qué pena vivir entre enredos, mientras Dios derrama su vida en el Universo, con el deseo de pactar con nosotros, lo mismo que con Abraham!

Abraham saltaba de gozo pensando ver mi día. Lo vio y se llenó de alegría (Jn 8, 51-59). ¿Qué me dice esta Palabra? Para gustarla, entro en mi interior descalza. Sé que Dios vive en mí porque yo vivo y veo más allá. Vivir y ver más allá es consecuencia de que Dios vive en mí, soy consciente. Busco su Rostro, recuerdo sus maravillas. Él recuerda siempre su alianza.

Conozco bastante mi pobreza, que el Señor ilumina con la luz de la Pascua ya cercana. Aunque es grande mi miseria no me aplasta, porque la misericordia del Señor me sobrepasa. Mis debilidades no Le afectan a Él, y a mí me colocan en mi sitio. ¡Muy importante esto! Su Amor es tan grande que lo descubro por encima de todas mis miserias. Y yo me dedico a vivir mientras Dios se ocupa de mí, me purifica y embellece. Vivo en fidelidad, atenta a lo que me pide, esa es mi alegre penitencia corporal y espiritual. Y también, por fidelidad y necesidad, le doy lo que el Amor me inspira.

Y termino mi *lectio* con Abraham: *Te haré crecer sin medida* (Gn 17, 3-9). *Tu linaje será perpetuo* (Sal 88, 4).

VIERNES V CUARESMA. 23 DE MARZO DE 2018

Despierto con la ilusión de la *lectio*. ¿Qué me dirá la Palabra, qué me iluminará, qué me pedirá hoy? Lo primero, doy gracias a Dios por mi sueño tan sereno, tan agradable. A pesar de la edad y de la situación que vivimos aquí, que también me vale para la *lectio*, duermo como cuando era niña. No necesito fármacos porque el Señor vela mi sueño. Por eso, *al despertar me sacio de su semblante* (Sal 16, 15).

Os he hecho muchas obras buenas por encargo de mi Padre: ¿por cuál de ellas me apedreáis? (Jn 10, 31, 42). Jesús vino a dar la vida; los judíos creyeron que se la quitaban, pero Él ha seguido dándola a través de quien Le sigue de verdad. Me impresiona mucho esta realidad y me lo tomo en serio. Recibo vida de Dios a través de todo y de todos los que me rodean. Que yo no apedree nunca las mediaciones por las que recibo la vida y la VIDA.

Vivo con el corazón abierto para guardar la palabra que me comunican todas las cosas. El patio en su silencio impresionante de esta hora del mediodía, parece extasiado en la presencia de Dios, inclinado bajo su poderosa mano. Su luz esplendorosa y su silencio me invitan a inclinarme yo también al Misterio. Ya sí vivo hoy la *lectio*.

Guardo en mi corazón la Palabra de Jesús, por eso vivo. Su Palabra me guarda, me regala el futuro abierto y gozo de compartirlo todo por necesidad, pero no se me entiende, y lo comprendo desde la soledad de Jesús y su dolor por sentir el rechazo. Por eso *se marchó de nuevo al otro lado del Jordán, al lugar donde antes había bautizado Juan, y se quedó allí* (Jn 10, 31-42).

Ha llegado la hora del descanso. Me retiro a mi corazón para encontrarme con el Señor Jesús que ahí me espera. Ayúdame, Señor, a vivir abierta. Que me llene de tu vida y mi vivir sea un derroche de tu misericordia, tu fidelidad, tu presencia y tu amor.

SÁBADO V CUARESMA. 24 DE MARZO DE 2018

Y aquel día decidieron darle muerte (Jn 11, 45-56).

Los gritos de mi corazón son la música que acompaña el silencio del incesante paso de Dios por mi vida. Silencio cargado de palabra unas veces, de dolor otras. ¡Qué dolor tan inmenso causan las injusticias! *Aquel día decidieron darle muerte.* Y esto sigue sucediendo a través de la historia... Quien destaca, quien vive en la verdad y comparte, suele ser molesto.

Los pobres eran los que mejor entendían a Jesús, que *hacía oír a los sordos y hablar a los mudos...* (Mc 7, 37). Ya lo decía Isaías con voz profética: *Los oídos del sordo se abrirán y la lengua del mudo cantará...* (Is 35, 5).

Jesús ofrecía *agua viva que sacia la sed y salta hasta la vida eterna* (Jn 4, 14). En medio de la situación que vivo y la sed que me produce el caminar por estos acontecimientos, veo al Señor Jesús sentado junto al pozo de la gracia donde vengo sedienta a saciar mi sed.

Jesús nos trajo la luz. ¡Qué importante es esto! Por eso puedo yo mirar con los ojos de Jesús y es así como he descubierto que la mirada de Dios no es como la mirada del hombre. *El hombre ve las apariencias; Dios ve el corazón* (1 Sm 16, 7). Vivo la alegría de poseer unos ojos que ven más allá, donde la belleza es un derroche de la gracia de Dios. Por eso puedo caminar como hija de la Luz.

Jesús pasó dando vida y cariño. Me impresiona mucho todo

esto. Estos Evangelios me tocan la vida y me iluminan. Jesús no vino a suprimir el sufrimiento sino a enseñarnos a vivirlo.

¿Dejo yo vivir a Jesús en mí? Él vive en mí, pero algunas veces me descuido y no obro como Él sino como yo. Acudo al Sacramento donde recibo luz y perdón.

Finaliza la Cuaresma. Pongo en manos de Dios todos estos días en los que he recibido tantas gracias.

Vuela, alma mía, vuela libre hacia el cielo, más allá del horizonte. No te apegues a la tierra: no vale la pena. Canta tu canción al viento, no cierres tu clamor dentro. Y descubrirás nuevos oasis donde saciarás tu aliento sediento.

DOMINGO DE RAMOS. CICLO B. 25 DE MARZO DE 2018

Id a la aldea de enfrente… (Mt 21, 1-11). Enfrente de mi celda se encuentra el patio. Antes de comenzar la *lectio* salgo de la celda y, sobre todo, de mí misma. Me asomo… ¿Qué ocurre? Me asombro. El patio tiembla, yo me estremezco. ¿Qué he visto? Nada, pero he salido de mí misma, he ido a la aldea de enfrente (el patio) y me queda la certeza de que ahí está Dios y todo se estremece y yo me conmuevo ante el Misterio. Creo que el Misterio de Cristo solo puedo entenderlo desde la humildad, la pobreza, el vacío.

¿Qué me pide, qué me dice, qué me enseña hoy Jesús? A su luz veo que ha tomado mi vida por su cuenta y entiendo que lo importante es caminar con sencillez, como María. Deseo caminar en humildad y vacío interior, anchura en la que el Trascendente se encuentre cómodo, por decir de alguna manera.

A medida que van cayendo ideas sobre Dios, formas, imágenes, me noto más ancha, más cómoda y libre. El Señor no es «nada» porque es Todo. No se Le ve, no se Le toca, pero

ES. Lo veo, lo toco en Jesús, que lo encuentro dentro de mí, en los hermanos, y es el Señor. Jesús me enseña a vivir de Dios y en Dios y a dejar que su voluntad se cumpla en mí.

Señor Dios, al comenzar la Semana Santa, saberme contemplada por Ti, percibir cómo el Espíritu aletea entre nosotros y sentir que tu Hijo nos salva, me convierte en testimonio de los TRES para los sencillos y en acción de gracias en tu presencia.

25 DE MARZO. LA ANUNCIACIÓN DEL SEÑOR (TRASLADADA ESTE AÑO AL LUNES II PASCUA, 9 DE ABRIL DE 2018)

He dormido pensando en María y de la misma forma despierto. Me envuelve tu misterio, Señora, mientras me coloco en tus manos de Madre y Virgen. Te necesito, sí, porque yo también me encuentro fecundada de la Palabra. Y no sé decir nada. ¡Misterio del AMOR! *He aquí la esclava del Señor* (Lc 1, 37). María Santísima: me noto guapa al despertar. ¿Será que me miro con tus ojos? Es que tu mirada me embellece. Y además es tu día, o mejor dicho, nuestro día. Tú dijiste SÍ y comenzó a cambiar la historia: ¡llegó la salvación! *El Verbo se hizo carne y acampó entre nosotros* (Jn 1, 14).

¡Lo que realizó el SÍ de una Mujer sencilla! Llenó la historia de vida, salvación y maravillas. Profundizo mucho para descubrirlas. Pienso hoy, tratando, atrevida yo, de entrar en la mentalidad de Dios. ¿Cómo puede ser esto, si lo poco que soy vale poco? Hoy, en la *lectio*, conversando con María en pura sencillez, vino a mi memoria el momento de la creación y reflexioné: a Dios, estallando de amor, se le ocurre formar al hombre del barro de la tierra… ¡Dios trabajando la arcilla! Yo conozco esa técnica, es preciosa. ¡Crear formas acariciando el barro! ¡Bellísimo esto! ¡Dios nos creó a base de caricias! Me emociona pensarlo.

¡Si nos diéramos cuenta de que somos caricia de Dios...! Ahora mismo me corren las lágrimas como un torrente... ¿Nos habremos olvidado de que somos caricia de Dios? Y la caricia de Dios se ha hecho carne en nuestros padres que, unidos en amor y gozo, nos han engendrado para el Creador, para la alegría, para el amor.

¡Cuántas guerras, cuántos gritos, cuánto dolor, armas químicas, armas de fuego, armas de destrucción masiva...! Nos hemos olvidado de que somos caricia de Dios. Y lloro, lloro, lloro... Y llora Dios. Lo sé porque lloro yo. Todos poseemos armas de construcción masiva: la alegría, la paz, la belleza, el amor... Explotémoslas con María, la Madre de Jesús, la que facilitó a Dios la salvación de todos nosotros.

Me impresiona pensar que con lo más insignificante, realiza el Señor sus grandes maravillas. Con el barro de la tierra creó al ser humano. ¡Qué asombro! Con María, una joven-cita pobre, de aldea desconocida, prepara la restauración del «barro que se había resquebrajado». ¡Qué obra de arte! Y yo, que soy una calamidad, cuando el Misterio y su luz me tocan, se llenan mis entrañas de Jesús, mi corazón de hermanos y mi cielo de estrellas.

LUNES SANTO. 26 DE MARZO DE 2018

María tomó una libra de perfume de nardo auténtico y costoso, le ungió a Jesús los pies, se los enjugó con su cabellera, y la casa se llenó de la fragancia del perfume (Jn 12, 1-11).

Lo primero al despertar me he *saciado del semblante de Dios* (Sal 16, 15). En seguida me asomo al patio para recibir con alegría y gratitud el día nuevo que el Señor me regala para compartir. Abro mucho los ojos, miro hacia el Naciente, hacia donde está orientada mi celda y toda yo. Abro los oídos y escucho el canto de los mirlos que preparan su concierto y reciben el día embelleciéndolo con su música. Respiro la brisa del patio, el limonero regala su azahar y perfuma el ambiente que percibo limpio y saludable. Me ensancho por dentro y vuelvo a la celda pensando que soy demasiado pequeña para contener tanta belleza. Estallaré, me romperé toda, me digo. En el fondo deseo romperme y llenar el Universo de la fragancia de Dios. *Mejores al olfato tus perfumes, ungüento derramado es tu nombre* (Ct. 1, 12). ¡Misterio nupcial!

Este momento la historia necesita Marías de Betania que llenen el mundo de la fragancia de Dios, como también María de Nazaret lo llenó del aroma de la Salvación. Abro todos mis sentidos para recibir la gracia de Dios y compartirla humildemente. Esto no es una pretensión vanidosa: es una necesidad que el Espíritu del Señor pone en mi alma. Desde mi silencio grito a los hermanos: «¡Agrandemos nuestros corazones, seamos felices, que para eso hemos sido creados! Seamos fraternos, así restauraremos la Tierra. Lo salvaremos todo confiando en la fuerza de Jesucristo». Doy gracias a Dios, que me llamó a la vida en este momento de la historia. Porque es mi momento: para vivirlo me ha preparado Él.

Y me retiro a descansar serena y esperanzada. Me encanta la vida con toda su realidad, la acaricio con mi dormir, mi soñar, mi vivir, mi despertar, mi sufrir, mi gozar y mi amar, mientras Dios me contempla.

MARTES SANTO. 27 DE MARZO DE 2018

La luna llena ha bajado al patio. ¡Qué belleza el contraste de luces y sombras! ¡Qué hondo el silencio! No han despertado los pájaros. Me impresiona la serenidad del momento y me ayuda a entrar en mi profundidad con respeto. Paso a mi celda y me siento.

Escuchadme: Estaba yo en el vientre y es Señor me llamó, en las entrañas maternas y pronunció mi nombre... Me escondió en la sombra de su mano... Mientras yo pensaba: en vano me he cansado... En realidad mi derecho lo llevaba el Señor, mi salario lo tenía mi Dios (Is 49-1-6).

Hoy vivo la *lectio* en homenaje al vientre de mi madre que colaboró con Dios en la creación de esta pequeña monja que soy yo.

Doy gracias al Señor por mi madre que me parió un bello amanecer de primavera mientras los trigales de la Tierra del Pan se mecían y las avecillas canoras trinaban para recibir el día.

Me inclino ante el misterio del amor de mis padres y ante las entrañas de mi madre, donde el Señor de la vida tejió mi existencia, pronunció mi nombre, me llamó y me preparó para ser capacidad del HIJO y de la Humanidad, del Universo y de la Historia.

Estaba yo en el vientre... ¡Ay, ay, ay, me corren las lágrimas, me emociono...! Muchas cosas me acometen en este momento: las madres que abortan me duelen; no las juzgo, las amo, no sé los motivos que las llevan a matar a Jesús en su vientre. Dios no las juzga: las ama y las espera.

El Evangelio de hoy me sobrecoge: Jesús se despide, los discípulos no entienden nada. ¿Qué me dice a mí todo esto? Yo sé un poco de despedidas muy dolorosas, pero lo de Jesús es el GRAN MISTERIO. Lo mío es una pequeña participación en su PASCUA.

Mi boca contará tu auxilio, y todo el día tu salvación... Dios mío, me instruiste desde mi juventud y hasta hoy relato tus maravillas (Sal 70, 8-17).

El Señor cada mañana me espabila el oído para que le escuche... (Is 50, 4-9). Esta palabra que me dijo la Madre Priora, con motivo del primer capítulo de culpas que se celebró unos días después de mi ingreso en el monasterio, me ha acompañado toda la vida y me sigue estremeciendo como la primera vez que la escuché.

¡El Señor me ha abierto el oído! Me marcó para siempre. ¡Cuántos mensajes he recibido, cuánta vida ha entrado en mi corazón a través de mis oídos abiertos, que nunca he podido cerrar! Dios me lo permite porque cada momento me atrae con palabras interesantes y nuevas, envueltas siempre en dolor, alegría, amor. Así son las cosas de Dios... Vivo en constante gratitud al Dios de la Vida y a la Vida de Dios...

¿Dónde quieres que te preparemos la cena de Pascua? (Mt 26, 17). Escucho: el lugar que prefiero es el corazón de cada persona. Pero un corazón quebrantado, extendido, universalizado, porque ahí quepo yo con toda la Humanidad.

¿Soy yo acaso, Señor? (Mt 26, 23). Escucho en mi corazón: sí, siempre que he callado por cobardía lo que debía decir a favor de alguien. Siempre que he hablado sin caridad. Siempre que he juzgado... Perdóname, Señor.

Hoy he recibido el Sacramento del Perdón. ¡Oh! Sentir al Padre perdonándome es una experiencia de mucha profundidad. Comienzo una vida nueva para los hermanos.

Señor Dios, ya me retiro a descansar. Recuerdo que mientras me preparaba para recibir el Sacramento, esta tarde, vino a mi memoria la frase del salmo 16, 3: *Aunque sondees mi corazón visitándolo de noche no encontrarás malicia en mí.* Lo entiendo muy bien, Señor: es porque no la miras... Diriges tu mirada a tu Hijo, que habita en mí y me ves en Él. Tú miras como Padre, tu mirada me limpia y salva. Deseo vivir, dormir, soñar en tu presencia, bajo tu misericordia.

¡Despierto! Dirijo la mirada hacia mi corazón para celebrar el Semblante del Señor, pendiente de mí durante el sueño. Me atraen el claustro y el patio. Salgo de la celda y me impresiona, de una forma nueva, el silencio del monasterio. De pronto grazna un búho y los pájaros se despiertan. Comienza a funcionar la «Orquesta Sinfónica de Santa Marta». El búho es el director; yo, como solista *canto las misericordias del Señor* (Sal 88, 1), Creador de toda la belleza del Universo. Si los gobernantes y los políticos del mundo pudieran asomarse a los claustros y al patio de Santa Marta, y escucharan durante unos momentos, cambiarían sus corazones y se embellecería la faz de la tierra, porque ellos se pondrían a lavar los pies a todos los empobrecidos que ha creado la corrupción de los poderosos. Y los poderosos acabarían convertidos.

Lo que yo hago no lo entiendes ahora (Jn 13, 1-15). ¿Qué me dice a mí hoy Jesús? ¿Qué me ilumina? ¿Qué me pide? Los años vividos han sido para mí una gracia especial, porque se me ha iluminado toda la vida. He descubierto lo que Dios ha hecho conmigo y yo no acababa de entender en el momento de vivirlo. El Señor es fiel. ¿Qué me pide? Que sea testigo de su Muerte y Resurrección. Me lo tomo en serio.

VIERNES SANTO. 30 DE MARZO DE 2018

He despertado a las 4:30 medio asfixiada. No respiro bien, me duelen los oídos, el pecho y el alma. Tampoco puedo hablar. Pienso en la agonía de Jesús y en la de tantos hermanos que en este momento se enfrentan a la muerte. Guardo silencio y respiro. Estoy viva. A las 6 salí al claustro para respirar mejor, me sorprendió ver todo gris. Se nota que es Viernes Santo. Los pájaros no cantan, impresiona la serenidad y el color. Todo gris.

Yo, para esto he nacido… Para ser testigo de la Verdad. Todo el que es de la Verdad escucha mi voz (Jn 18, 37). ¿Qué es la Verdad? Jesús contestó con la Vida, creo que es la mejor forma de contestar. Yo me expreso así: la verdad es la transparencia de la vida, es luz. Cuando yo me di cuenta de esto, encontré la verdad dentro de mí: ¡Jesús!

Para realizar la verdad parto de la experiencia de que Jesús vive en mí, porque lo siento respirar en mi alma, moverse en mis entrañas, pensar con mi cerebro y dinamizar mi vida.

Esto me acerca a la luz. A partir de aquí viene la apertura de mi ser ante su SER… y sigo siendo una calamidad, pero a Él no le importan mis miserias, solo le sirven para limpiármelas y seguir moviéndose en mí. Porque mi anchura interior es bastante grande, me muevo dentro de mí con soltura y alegría, me gusta vivir dentro, me encanta mi música interior, a Dios también le gusta; lo percibo porque es su música que resuena en mi profundidad.

Desde mi silencio monástico y mi clausura «grito» a los hermanos que esto podemos vivirlo todos, Dios nos llama a ello: solo hace falta abrir nuestros sentidos en su presencia. Él llama siempre a nuestro corazón. ¿Cómo se abren los sentidos? Se cultiva el deseo de escuchar, se escucha y se oye. *El Señor Dios me ha abierto el oído y yo no me resistí* (Is 50, 5).

SÁBADO SANTO. 31 DE MARZO DE 2018

Todo está cumplido (Jn 19, 30). ¡Qué impresión me han causado siempre estas tres últimas palabras de Jesús!

Recuerdo que, hace muchos años, al final de un día de bastante trabajo, me encontraba sola, muy feliz y me lo expresé a mí misma en voz alta: «Me siento cansada, pero muy contenta. ¡Misión cumplida!». Cuando me volví, detrás de mí una hermana derramaba lágrimas, le pregunté el motivo y me dijo que le había impresionado mucho lo de «misión cumplida», porque le recordaba las últimas palabras de Jesús. Le comenté que lo digo al retirarme a descansar, porque, aunque soy una calamidad, me vuelco en todo lo que hago y la misericordia de Dios me acompaña en todo momento. Más tarde me dijo que, desde aquella noche, ella lo hacía siempre y le iba muy bien.

Mientras dura mi paso por la vida *mi carne descansa serena, porque no me entregarás a la muerte ni dejarás a tu fiel conocer la corrupción* (Sal 15, 9-10).

Abridme las puertas del triunfo y entraré para dar gracias al Señor (Sal 117, 19). El triunfo es la Pascua vivida día a día, soñada noche a noche, agradecida minuto a minuto, mientras Él va realizando en mí su propio soñar y su propio vivir.

Hoy he vivido el día acompañando a María en su soledad. Y a las madres que sufren por sus hijos. ¡Misión cumplida!

Lectio Divina en Tiempo de Pascua

DOMINGO DE PASCUA. CICLO B. 1º DE ABRIL DE 2018

El Señor Resucitado me levanta la vida después de una Vigilia tan impresionante. Me asomo al patio y me integro en todo lo que aquí se vive. La naturaleza canta sus Laudes de Pascua. Un pájaro nuevo, nunca lo había oído, silba una alegre melodía. Varias parejas de palomas se arrullan, otros pájaros revolotean alrededor de la torre. El cinamomo baila con su pareja, la celestina azul, el limonero con la adelfa, los orondos boj danzan con todas las macetas. Bella coreografía. ¡Es Pascua! Gracias, Señor, por la imaginación que me has dado. Alguna vez se me desmelena un poco, pero hoy la uso pascualmente. La belleza en algunos momentos supera mi capacidad de encauzar mis ímpetus. Recuerdo un amanecer de Pascua hace bastantes años. Me dirigía al coro con mucha prisa y fuego pascual en el corazón. Pensaba yo: me toca cantar el Invitatorio, ¡se van a estremecer los muros del monasterio! Al salir me dijo la Madre Priora: «Cuando tú cantas yo me estremezco». «Es porque Dios le toca el corazón», le dije. «Sí, y porque tú transmites», me aseguró. Pensé: «Si comunico es porque Jesús resucita en mí, así, tan pobre como soy». ¡Qué maravilla! ¡Gracias, Señor Resucitado, por tu misericordia!

La Vigilia Pascual me ha impresionado este año de forma especial.

Génesis 1, 1-31; 2, 1-2. *Vio Dios que todo lo que había hecho era muy bueno.* Conclusión: yo, que he sido creada por Dios, «soy muy buena». Pero ¿qué hago con toda la miseria que tengo dentro? Mirarla como la mira Dios: con misericordia. La mirada de Dios es algunas veces como bisturí de cirujano que corta lo que estorba y lo que sobra. Otras veces es medicina que cura, y siempre es amor que embellece. Génesis 22: El sacrificio del «hijo» que se me ha pedido en varias ocasiones y algunas veces he sido yo misma ese hijo, se ha convertido en una experiencia hermosa después de que la mano del Ángel ha llegado a tiempo. Podría decir mucho de esto... Éxodo 14: El paso del mar Rojo: Dios me pasa constantemente de la muerte a la vida. Isaías 54, 5-14: Celebro la misericordia eterna de Dios que no se cansa de perdonarme y acogerme. Isaías 55, 1-11: Esta lectura la he leído muy impresionada. La sed de Dios que desde niña he sentido y la lluvia de gracia que ha caído y cae sobre mí, fertiliza mi campo interior en beneficio de los hermanos. La alianza me ayuda a ser honesta y fiel como deseo. Baruc 3, 9-15; 32, 4, 4: *Escucha, Israel, abre tu oído para aprender sabiduría.* Escucho para instruirme en la ciencia de Dios, y abro los ojos a la claridad de su presencia de Dios. Ezequiel 36: Me avisa del agua pura que me purifica y de la renovación de mi corazón. Me renueva constantemente. Romanos 6: Me recuerda el bautismo, la gracia que recibo y me renueva. Marcos 16, 1-7: *María Magdalena, María la de Santiago y Salomé compraron aromas para ir a embalsamar a Jesús.* ¿Qué aromas he de comprar para embalsamar a Jesús? Él no necesita que lo embalsame, no lo buscaré entre los muertos, ha resucitado y vive entre nosotros. El aroma lo prepara Él en mi corazón para aromatizar el vivir de los hermanos. *No tengáis miedo... Id a decir a los discípulos y a Pedro: Él por delante de vosotros a Galilea, allí lo veréis.* Mirar siempre hacia delante, salir de mí misma, ir más allá, dejar lo que Dios me vaya pidiendo, iluminar mi vida con la Palabra, permitirle al Señor purificar mi corazón.

LUNES DE LA OCTAVA PASCUA. 2 DE ABRIL DE 2018

¡¡¡Este es el DÍA: Jesucristo Resucitado!!!

Lo digo a gritos porque soy testigo de su resurrección. Amanecer en Pascua es un regalo de Dios. ¡Gracias, Señor, me tienes «pascualizada»! Muerte y vida…

Me ha despertado un búho. Salgo a ver qué le pasa, no deja de graznar. Todo está quieto y sereno, solo el búho parece agitado. A la luz de la luna he visto su silueta en la torre. Es grande, ha alzado el vuelo, cruza el patio y vuelve a la torre. ¡Si yo tuviera alas!…

Paso a la celda y comienzo la *lectio* en clave de Pascua. Me postro en la presencia del Resucitado. Guardo silencio. Me impresiona la magnitud del MISTERIO.

El Señor es el lote de mi heredad… Mi suerte está en tu mano (salmo responsorial de hoy, 15).

¿Cómo podré ser Pascua para mis hermanas y para todos? En este momento sueño con poner luz en la vida de los hermanos que viven en oscuridad. Sabor de Pascua y saber vivir en su claridad. Aroma del Resucitado en el ambiente interior de todo el que sufre. Sensibilidad para sentirnos tocados por Aquel que dio su vida para que todos vivamos.

Que los enfermos puedan escuchar en sus dolores la música del que nos regaló vida nueva con su resurrección. Amén.

¡¡¡Soñemos, alma, soñemos!!! Buenos días, Señor, me encanta soñar. Sueño que todos somos un pueblo de profetas, que cada uno tenemos dentro un profeta y usamos este don debidamente.

Sería maravilloso vivir esta riqueza de sabiduría, inteligencia, conocimiento, luz, verdad... Pero no siempre la usamos y, quien se atreve a vivir esta realidad acaba como Jesucristo. ¡Me impresiona mucho esto, me estremece! Así la Palabra explota por donde puede. Si se la tapa por un lado grita por otro, y algunas veces se vuelve «agresiva», por eso tanto sufrimiento cuando no se la escucha. La Palabra anda inquieta mientras no reposa en nuestro corazón. Y nuestro corazón no es feliz mientras no reposa en la Palabra.

Señor Resucitado, Tú eres el Dios de la verdad y la vida. Santifícanos en la Verdad.

Desde hace algún tiempo vivo un poco sobrecogida ante tu realidad divina que me llama, nos llama hacia arriba: *Buscad los bienes de allá arriba, donde está Cristo sentado a la derecha de Dios* (Col 3, 1-2). Y nuestra realidad humana cada día más hundida. ¡Cuánta vanidad! ¡Cuánto se juega con el amor y la verdad! ¡Cuánta permisividad! Pero me anima el saber que la última palabra la tiene siempre LA PALABRA.

Mujer, ¿por qué lloras? (Jn 20, 11-18). *¡Rabboni!*, enséñame a mirarlo todo con tus ojos. A interpretar todo con la claridad de tu mirada. A amar a todos con tu Corazón. A vivir como monja resucitada. Amén.

Despierto y me asomo a la vida por entre las alas del Padre bajo las cuales he dormido. Despierto contenta. No me acostumbro a la Pascua, no me habitúo a la fiesta. Cada momento es nuevo. Esto lo digo mucho, pero cada vez que lo digo es nuevo. La Pascua y la fiesta tampoco se acostumbran a mí, porque vivo la vida nueva que ellas me regalan. Y sigo…, sigo hasta donde me lleven…

Este regalo dinamiza mi existencia y se presenta renovada ante mí misma, ante Dios, Océano inmenso de Vida y Verdad, y ante la Palabra que me lanza a remar «mar adentro». Mar adentro o fuego adentro: *¿No ardía nuestro corazón mientras nos hablaba por el camino y nos explicaba las Escrituras?* (Lc 24, 13-35).

¡Cuántas veces he salido de la *lectio* ardiendo! Pero esto no se puede expresar con palabras, si de verdad se vive, se comparte. ¿Cómo? Con la vida y el vivir. *Nosotros esperábamos…* Se van decaídos, sin esperanza. Esto me recuerda a cómo el Señor me ha salido al encuentro cuando me he sentido decaída en situaciones que vivía en soledad.

En momentos difíciles, para mí penosos porque no veo lo que Dios desea de mí…, *quédate con nosotros, Señor, porque atardece…*

Me acojo al Dios que camina conmigo y con los hermanos. AMÉN.

Mientras sopla la brisa del día y las sombras se desvanecen. Vuelve, Amado mío, sé como la gacela o el joven cervatillo en los montes perfumados (Ct. 2, 17).

Buenos días, Señor, ayúdame a despertar, me sobra sueño y me falta noche. Pero no importa, me dispongo a correr la carrera que me toca, con mis *piernas de gacela* (Ha 3, 19) y mis ojos puestos en el Señor Resucitado. Hacia mí viene, hacia Él voy.

El claustro me espera con la solemnidad de siempre. Me gusta asomarme al patio para recibir su mensaje. Parece que desea mostrarme la belleza que Dios acaba de crear para mi recreo, crecimiento y alabanza. La belleza es esa maravilla que el Señor me regala para compartir, porque crea fraternidad cuando se goza y se hace partícipes a los demás.

¡Paz a vosotros!… Les mostró las manos y los pies (Lc 24, 35-48). ¡Qué humano es Jesús! No les mostró la gloria que ya vivía, para no asustarlos más. Las Heridas de su Carne lo hacen más comprensible y cercano. Me parece que esto lo entiendo bastante bien. He recibido muchas heridas en mi cuerpo y en mi alma. Todas me las ha transformado la gracia de Dios en ojos abiertos por los que me entra y sale la alegría y la luz de la Pascua para compartir con los hermanos.

Entonces les abrió la inteligencia para que entendieran las Escrituras. Me abro de par en par y recibo la inteligencia que el Señor me regala para leer mi corazón, donde Dios escribe su Palabra. Por eso mi paz es como el aroma del patio cuando la brisa del amanecer o de la noche, mueve suavemente el limonero, el cinamomo y los rosales.

Despierto cantando: *Este es el día en que actuó el Señor* (Sal 117). Abro mi vida al Resucitado y Él me abre sus entrañas. ¡Qué bien si se pudieran expresar estas profundidades! ¡¡¡Si se entendiera el lenguaje del silencio!!!

Me paseo por el claustro, respiro el amanecer. Las hermanas no han despertado. Pronto aparecerá la blancura lechosa del alba, con la luz de la luna hermosearán el comienzo de la mañana. En la celda me espera la Palabra: *La piedra que desecharon los arquitectos, es ahora la piedra angular.* Se la sigue desechando, pero el Edificio sigue en pie. *Es un milagro patente* (Sal 117, 22-23).

Porque le hemos hecho un favor a un enfermo nos interrogáis (Hch 4, 1-12). ¿Qué me dice esta Palabra? Si deseo de verdad seguir al Maestro he de prepararme para muchas cosas: no ser entendida, ser molesta, vivir en soledad, en dolor, ser signo de contradicción... Y acabar como el Maestro. Preparación que dura toda la vida. Y digo, desde mi experiencia: ¡merece la pena!

Muchachos, ¿tenéis pescado?... No... Echad la red a la derecha (Jn 21, 1-14). La pregunta de Jesús me llega muy dentro... Pero yo no tengo redes. Señor, ¿me prestas las tuyas? Podría yo pescar a todas las monjas que nos perdemos en el mar de tantas insignificancias. ¿Cuál es para mí la derecha? El Evangelio de Jesús, y, apoyada en Él, ser coherente, humilde y transparente ante mí, ante Dios y ante los demás.

Remar mar adentro (Lc 5, 4), es no acomodarme en mi capacidad mental para así poder entrar en la mentalidad de Jesucristo. A esto estamos llamados todos los que deseamos seguirlo de verdad.

Señor, vives entre nosotros. Ahora es un momento difícil. Pero, gracias a que abres los ojos de mi corazón, puedo verte y decir con el discípulo amado: ¡¡¡ES EL SEÑOR!!! Dame fuerza para gritarlo y que mis gritos se oigan en el Universo. AMÉN.

Gracias a María Santísima, en Ella pienso hoy al despertar. La vida es fiesta nueva para quien se abra al dinamismo de la Pascua, como Ella.

La luz de la Pascua llena mi celda y mi corazón. Salgo al claustro, donde recibo el saludo del amanecer entre el despertar de los pájaros y la lluvia suave que susurra la primavera. El ambiente monástico me invita a contar las hazañas del Señor con la vida.

Se apareció primero a María Magdalena… Ellos, al oírla decir que estaba vivo y que lo había visto, no la creyeron (Mc 19, 9-15). Creo que cualquier persona que viva en profundidad y busque al Jesús del Evangelio en su corazón y en su historia, puede decir con Mª Magdalena: «Yo lo he visto, está vivo». Para poder decir esto con verdad hay que vivir la realidad sin componendas, en dolor-gozo-amor… Así la vivió Jesús: la sufrió, la gozó, la amó, se entregó, resucitó y vive entre nosotros.

Y les dijo: Id al mundo entero y predicad el Evangelio a toda la creación. Esto es lo que yo hago todos los días desde mi silencio monástico, desde mi vivir sencillo, desde mi dolor que es el de todos los hermanos, con mi alegría que con todos comparto y con mi oración al Señor con la que a todos abrazo.

DOMINGO II DE PASCUA. CICLO B. 8 DE ABRIL DE 2018

En el nombre del Padre, y del Hijo, y del Espíritu Santo. Despierto. Escucho el silencio de mi celda y oigo: *Paz a vosotros* (Jn 20, 19-31). ¡¡¡Oh, su voz!!! Canto, Señor: *Tus Heridas nos curaron* (1 Pe 2, 25). Y me asomo al patio cantando. Escucho: *Trae tu dedo, aquí tienes mis manos.* Se abren todos mis sentidos.

Meto mi dedo en mis propias llagas y digo: *¡¡¡Señor mío y Dios mío!!!* Introduzco mi dedo en las heridas de mis monjas y de todos los hermanos del mundo y digo: *¡¡¡Señor mío y Dios mío!!!*

¡Qué misterio! Son las mismas heridas de Jesús, con una diferencia. Las Suyas se las hemos hecho nosotros a través de la historia, desde Adán hasta hoy. Las nuestras... ¿Nos habremos autoherido, buscando ir a Dios por nuestros caminos, con muy buena voluntad, eso sí, pero equivocada? Guardo silencio. Me escucho... Me pregunto: ¿cuál será mi tarea en esta situación que me toca vivir? Orar, comprender, amar. Creo que Dios nos ha dejado en la oscuridad para que Le permitamos realizar su obra.

Vivo este momento entre el dolor y la esperanza. Camino serenamente: Dios me dará lo necesario para el camino, es seguro. Y mi vivir saltará alegre como aquella bellísima cascada, en el nacimiento del río Tera, que muchas veces contemplé, gocé y escuché en mis años jóvenes. AMÉN.

LUNES II PASCUA. 9 DE ABRIL DE 2018

Rabí, sabemos que has venido de parte de Dios, como Maestro, porque nadie puede hacer los signos que Tú haces si Dios no está con él... Te lo aseguro, el que no nazca de nuevo no puede ver el Reino de Dios (Jn 3, 1-8). ¿Qué es para mí nacer de nuevo? Bajar al fondo de mí misma donde Dios me espera. Escrutarme, conocerme por dentro. Escuchar al Señor que me ama, me llama, me bautiza con su Espíritu y el agua de su Gracia. Así es como van quedando abajo mis vanidades, ambiciones, oscuridades, componendas... Mientras el Señor Dios me levanta hasta donde Su Voluntad lo desee. Y al ser levantada siento necesidad de compartir con los hermanos mi experiencia del nacer de nuevo. Pero antes he visto que la gracia de Dios me iluminaba y, a través de acontecimientos y personas he vivido las humillaciones necesarias para bajar, la luz y la ayuda de Dios para subir.

Mis enemigos interiores también me ayudan a nacer de nuevo. Se alían contra mí, pero *el que habita en el cielo sonríe, el señor se burla de ellos... Tú eres mi hijo: Yo te he engendrado hoy...* (salmo responsorial de hoy, 2). El mismo Dios me defiende de ellos, yo solo dejo que actúe Su gracia. Estas palabras del salmo 2, me las aplico a mí, porque me siento engendrada en Dios y sostenida por Él en cada momento.

¿Me siento más perfecta? No, mucho más pobre y más abierta para que Él pueda actuar en mí. *Dichosos los que se refugian en el Señor* (antífona del salmo 2).

MARTES II DE PASCUA. 10 DE ABRIL DE 2018

La santidad es el adorno de tu casa, Señor (salmo responsorial de hoy, 92). Y como Tú vives en mi celda, Señor, también eres el «adorno» de mi celda. Vivo en ella con un gran respeto, como en un templo.

Me ha despertado el búho. Gracias, Señor por el búho. Se queja mucho, voy a ver qué le pasa. Está encaramado en la misma punta de la cruz que termina la torre. Lo saludo, pero no vuela. Le digo cosas y me contesta con sus graznidos...

Paso a la celda, me inclino ante la Biblia, leo el Evangelio de ayer y de hoy. Saludo a Nicodemo. Este personaje me cae bien. Lo veo cobarde, pero busca a Jesús de verdad. Desea nacer de nuevo. La vida bautiza y renueva. Esto es mucho más fácil vivirlo que decirlo. Solo hace falta no huir de las situaciones en las que el Dios de la vida nos coloca algunas veces.

Casi siempre muy duras. Cuando se huye se le cierra el paso al Espíritu de Dios.

De lo que sabemos hablamos, de lo que hemos visto damos testimonio (Jn 3, 11-15). Claro… Yo me fío de Jesús, porque Su Vida y Sus Palabras expresan lo que ha visto y oído al Padre.

Me interesa mucho la búsqueda de Dios, vivir del Espíritu que sopla en todas las direcciones y dejarme guiar por Él, para saber lo que es la libertad y allí donde me lleva la encuentro. En las situaciones difíciles pienso que el Misterio de Dios es impresionante. Abro mis ojos inmensos hacia el horizonte. Espero la luz blanca del amanecer y siempre descubro las razones amorosas del Señor que me ama.

MIÉRCOLES II DE PASCUA. 11 DE ABRIL DE 2018

Señor, aquí estoy. Salgo al claustro. Ya está preparada la orquesta del amanecer: palomas, mirlos, tórtolas, búhos… El viento mueve el limonero, el cinamomo, el boj y de entre sus ramas saca notas muy bellas. Escucho: comienza la Obertura de la «Ópera» que Dios dirigirá en este día. Me inclino ante el Misterio.

El que realiza la verdad se acerca a la luz para que se vea que sus obras están hechas según Dios (Jn 3, 16-21). ¿Cómo se realiza la verdad? Yo procuro obrar con sencillez y transparencia. Estoy convencida de que viviendo así aparece la Verdad entre nosotros: Jesús el Señor. Para mí es esta la mejor forma de ser monja. Monja feliz y libre, por tanto transmisora de la Verdad para quien desee vivir de ella.

Cuando se obra con sencillez y transparencia…, también se facilita la entrada de la Luz en nuestras vidas. *Yo soy la Luz del mundo, el que me sigue no camina en tinieblas sino que tendrá la Luz de la Vida* (Jn 8-12). ¡Qué importante es esto! ¿Cómo lo vivo yo? Abro los ojos a la vida y experimento que más allá de todos los problemas y sufrimientos, la vida es luminosa para mí.

La Palabra de hoy me invita a compartir la luz que descubro en todo, a entregarla con humildad, así no se apagará en mí y la gloria de Dios brillará en la tierra y los hermanos podrán verla.

Te doy gracias, Señor, porque *lámpara es tu palabra para mis pasos*. Camino con seguridad, porque es *luz en mi sendero (Sal 118, 105)*. Vivo alegre y confiada bajo la Luz de la Pascua.

JUEVES II DE PASCUA. 12 DE ABRIL DE 2018

¡Qué hermoso eres, Amado mío, qué delicioso! Puro verdor es nuestro lecho (Ct. 1, 16). Qué bien se duerme cuando se sabe, desde dentro, que Alguien vela... Reposo a la sombra cálida de tus alas, Señor.

En medio del silencio de mi celda, ante la Biblia, con profundo respeto y el alma abierta comienzo la *lectio* de hoy. Me impresiona mucho que diga Jesús: *El que viene del cielo está por encima de todos. De lo que ha visto y oído da testimonio, y nadie acepta su testimonio* (Jn 3, 31-36).

¡Qué daño nos hacemos, cuando no aceptamos el testimonio de Jesús, en el Evangelio, o a través de las personas de las que Dios se vale para hablarnos de lo que Él desea de nosotros! Es el caso de los profetas que Dios nos envía. Todos somos profetas unos de otros. Es importante abrir los ojos con respeto, y los oídos, para no perdernos lo mejor de la vida que es lo que la Palabra de Dios nos dice a través de todo.

Para mí es muy importante aceptar el testimonio de Jesús porque *habla de lo que ha visto y oído al Padre*. No importa que yo tenga que acabar como Él. ¡Merece la pena! Hay que saber desparecer a tiempo dejando la vida, como Jesús. La naturaleza nos da unos testimonios bellísimos, me gustan mucho. Muchas veces he visto con qué suavidad y delicadeza se ocultan las estrellas cuando empieza a clarear alegre el nuevo día. Con la misma delicadeza y suavidad se retira el día cuando asoman las estrellas con su belleza, su luz y su armonía.

VIERNES II DE PASCUA. 13 DE ABRIL DE 2018

¡Señor, aquí estoy! ¡Buenos días pascuales, Señor, buenos días! Despierto con ímpetus para cantar tu bondad y tu justicia y escuchar tu voz. Oigo: *Espera en el Señor, sé valiente, ten ánimo, espera en el Señor* (salmo responsorial de hoy, 26).

Pues tiene razón Gamaliel: *Mi consejo es este: no os metáis con esos hombres, soltadlos. Si su idea y su nación es cosa de hombres, se dispersarán, pero si es cosa de Dios, no lograréis dispersarlos, y os expondríais a luchar contra Dios* (Hch 5, 34-42).

Señor, sé que puedes cambiar el corazón de las personas. Pues Te pido, al despertar, que ilumines los corazones de esta pequeña comunidad para que, en fraternidad, nos dejemos guiar por Ti y por las personas a las que encomiendas ayudarnos a caminar y decididas a vivir de tu voluntad sin confundirla con la nuestra.

Lo seguía mucha gente... Jesús tomó los panes, dijo la acción de gracias y los repartió (Jn 6, 1-15). Claro, les daba de comer... ¿Por qué lo sigo yo? Porque me da de comer. En Él encuentro el alimento seguro. Nada me sacia como su Palabra y su Vida. Es un Alimento Integral, el mejor para crecer y desarrollar el cuerpo y el alma.

Qué bello este descanso de mediodía vivido en el coro en soledad, serenidad y silencio. ¡Qué profundo es todo! Oigo muy cerca unos trinos alegres. En el cinamomo canta un jilguero. Abro los ojos... ¡Oh, es el Sagrario lo primero que veo! Me había quedado dormida. ¡Qué despertar tan bello! *Yo os conjuro, hijas de Jerusalén, por las gacelas y las ciervas del campo: no despertéis, no turbéis a mi amor, hasta cuando ella quiera* (Ct. 2, 7). Amén.

SÁBADO II DE PASCUA. 14 DE ABRIL DE 2018

¡Bendita tú, María, entre las mujeres! (Lc 1, 42)

Al despertar, Señor, me sacio de tu presencia y de tu Palabra. Es así como me abro al Misterio. Me ha enseñado María. Confío en ti, Señor, tú eres mi Dios. En tu mano está mi vida y mi vivir. *Los dioses y señores de la tierra no me satisfacen* (Sal 15, 3), porque escucho y oigo: *El Señor nuestro Dios es solamente uno* (Dt 6, 4; Mc 12, 29).

Todo esto es lo que siento y vivo paseando por los claustros de arriba antes de amanecer. Miro al patio mientras oro la realidad que vivimos ahora, y me coloco por encima de tanta ambigüedad, tantos miedos y superficialidad. Y me deshago en acción de gracias, Señor, porque no puedes dejar de amarnos, así como somos, y nos esperas para integrarnos en tu Corazón.

Cuando en algún momento siento miedo, escucho y oigo: *Soy yo no temas* (Jn 6, 16-21). Qué bueno es esto; no fallas, Señor. Entonces ¿por qué siento miedo? No sé si esto que me estremece es miedo, pero cuando hablo de lo nuevo que está naciendo, de lo que podríamos hacer para acogerlo, no se me entiende... Y temo que pase lo Nuevo y sigamos viviendo en lo caduco, para acabar muriendo sin haberlo descubierto. ¡Qué dolor siento desde hace mucho tiempo!

¿Qué es para mí lo Nuevo? Las FUENTES, el EVANGELIO. Mi querido Padre san Jerónimo no escribió una Regla porque dijo: «Vivamos el Evangelio». Yo nunca hablo de novedades, experiencias, ver otras formas de vida... Esto no me vale. Hagamos *lectio* con la Biblia, con los Santos, con la vida y con la VIDA. Esto es lo que nos renueva, nos ilumina, nos libera, nos santifica, nos pone en marcha, pero a todos ensamblados. ¡¡¡Oh!!! ¡Qué prisa tengo! ¿Quedaré sola? ¡¡¡No!!!

Se me pasa la hora de tocar, ¡voy corriendo!

DOMINGO III DE PASCUA. CICLO B. 15 DE ABRIL DE 2018

Señor Jesús, explícame las Escrituras. Enciende mi corazón mientras despierto (Cf. antífona del Aleluya de hoy). Abro los ojos cuando brilla sobre mí la luz de tu mirada. Ante Ti, Señor, me conozco bastante, porque Tú conoces mi corazón y lo limpias con tu Palabra. Me confrontas con tu verdad y me veo como soy, sin angustias ni aspavientos. Tú me valoras justamente. María me enseña a valorarme, a mirarme en Jesús y a verlo a Él en mí.

Al volver de Laudes me he parado en el patio escuchando el concierto que preparan los pájaros para recibir el día. Me transmiten belleza y libertad y en mi silencio interior suena la música del corazón de Dios. Es consolador sentirte cerca, Señor, y experimentar que tú me acoges en tus entrañas maternas, tal como soy.

Y con todos mis sentidos abiertos en tu presencia, veo el ocaso de todo esto que cae para que tu novedad se alce con toda la fuerza de tu poder creador. Lo mío es esperar humilde y pascualmente.

Con la imaginación me traslado a los tiempos de Jesús, muy convulsos también, y me fijo en los comportamientos de María y de Jesús. María abrió sus entrañas de par en par. El hecho ha quedado registrado en la historia para siempre. Jesús se entrega para la salvación de la Humanidad de todos los tiempos. La historia está llena de SALVACIÓN. Solo hace falta abrir los ojos para verlo.

¡Paz a vosotros! Llenos de miedo por la sorpresa, creían ver un fantasma... ¿Por qué os alarmáis?... Mirad mis manos y mis pies: Soy yo en persona (Jn 24, 35-48). Cuando me surgen dudas miro mis manos y mis pies. Pongo mis ojos en las heridas que la vida ha abierto en mí y, sin mucho esfuerzo veo al Resucitado... Esto levanta mi ánimo para seguir esperando. Y me siento más comprensiva con todos, mucho más humana.

LUNES III DE PASCUA. 16 DE ABRIL DE 2018

Dichosos los que viven en tu casa, Señor (Sal 83, 5), hemos cantado en Laudes. La casa del Señor es mi corazón. Me gusta vivir en mi corazón, porque en él son muy agradables los encuentros con Dios y con los hermanos. Por eso me gusta vivir en mi casa. Y además, la belleza de estos claustros y el patio central del monasterio de Santa Marta de Córdoba, con su silencio, llena mi vida de vibraciones gozosas que me adentran en mi mundo interior. *Una cosa pido al Señor: habitar en su casa* (Sal 26, 4).

Me buscáis... Porque comisteis pan hasta saciaros (Jn 6, 22-29). ¿Por qué lo busco yo? Porque nada me alimenta tanto como el *Pan Vivo* que se me entrega. Me sacio de los bienes de la casa del Señor. ¿Qué más puedo desear?

Trabajad no por el alimento que perece, sino por el alimento que perdura, el que os dará el Hijo del Hombre. ¿Cómo trabajo yo esto? Como mi tierra interior necesita una preparación, recibo clases de agronomía espiritual en la escuela de María Santísima. Ella entiende mucho esta ciencia porque en el campo de su vida germinó la Salvación. En sus clases aprendo a cultivar mi campo interior para que las semillas que Dios plante en él germinen, crezcan y den fruto abundante para los hermanos. Semillas de transparencia, verdad, sencillez, fidelidad que se conviertan en alimento para todos.

¿Es que siempre soy sencilla, transparente, fiel?... No, pero lo sé. Caigo y me levanto... Saberlo, no vivir engañada, es fundamental para que Dios pueda realizar su siembra. Es Él quien lo hace todo en mí. Soy yo la que me dejo hacer por necesidad.

Este es el trabajo que Dios quiere: Que creáis en el que Él ha enviado. Escucho esta Palabra y me pregunto: ¿creo yo en el que Él ha enviado? Él cree en mí, su fe me salva, por eso lo siento moverse en mí vivir. Cada anochecer siembro en mi corazón todos los acontecimientos del día vivido y, por la mañana, cuando aparece el alba, Dios los hace florecer como azahar que perfuma mi alma. ¡Gracias, Señor!

MARTES III DE PASCUA. 17 DE ABRIL DE 2018

Echa la higuera sus yemas, las viñas en flor su fragancia. ¡Levántate, amada mía, hermosa mía y ven! (Ct. 2, 13). Voy, Señor, a recibir el aroma del azahar que el naranjo me regalará en cuanto me asome al patio.

Ahora percibo tu presencia. Ante ti aprendo que lo mío es morir-vivir. Yo no puedo solucionar nada. Este momento es tuyo y en él nos vas a purificar y cribar. Espero en tu misericordia.

Cada día experimento una paz nueva y sencilla que me lleva más allá de una maraña de sentimientos, interpretaciones, suposiciones, exigencias... En este día de retiro deseo mucho descansar en Ti. Señor, dame luz. Que no deje pasar este momento. Señor, sé que soy una calamidad, pero Tú puedes hacer mucho a través de mí. ¿Cómo entiendo ese mucho? Como una entrega incondicional a la muerte para la vida auténtica, la vida de Dios, que desea vivir aquí, entre nosotros.

Señor, no les tengas en cuenta este pecado (Hch 7, 51-59). ¡Qué bien lo entendió Esteban! Solo puede uno entregarse cuando entiende la muerte para la Vida. Es el caso de Jesús. *Se taparon los oídos.* Para entrar en el MISTERIO y volar por él hay que abrir todos los sentidos y extender las alas.

Yo soy el Pan de Vida (Jn 6, 30-35). El Pan de Vida lo he descubierto yo en la *lectio*: es ahí donde se me han abierto todos los sentidos. Alimentarse, gustar el Pan de Vida es caer en la cuenta de que la Vida de Jesús me invade y envuelve mi corazón. Es un proyecto siempre nuevo, me mantiene en tensión de amor, me llama, me atrae, me sostiene, me lanza... En mis momentos difíciles siento que la fuerza de Jesús resplandece en mi debilidad. Gracias, Señor, porque me haces pan para los hermanos.

MIÉRCOLES III DE PASCUA. 18 DE ABRIL DE 2018

Ven del Líbano, esposa. Ven del Líbano, entra. Mira desde la cima del Amana, desde las crestas del Hermón... El corazón me robaste, hermana, esposa mía (Ct. 4, 8). Voy, Señor. Salgo al claustro y miro desde arriba, para verte amanecer. Envuelta en aroma de azahar, en el misterio del alba, en el asombro de tanta belleza regalada, comienzo el nuevo día y me preparo a vivirlo en plenitud para gloria del Amor que me llama y de los hermanos que recibirán, por medio de María, mi vivir para ellos.

En la *lectio* de hoy veo la importancia de que una monja viva para los hermanos. Dice el Libro de los Hechos: *De muchos poseídos salían los espíritus inmundos... Y muchos paralíticos se curaban* (Hch 8, 1-8). Estoy segura de que a través de mí, aunque nadie me conozca, puede llegar la salud física psíquica y espiritual a muchos hermanos.

La ciudad se llenó de alegría (Hch 8, 8). Claro, la salud, la movilidad, la amistad, dan mucha alegría. Nos visitó hace unos días un médico jubilado que ha tratado a todas las monjas del monasterio y las ha querido mucho. A mí también me estima, dice que mi semblante alegre le mejora sus dolencias. Me llama sor Alegría. Saberlo me alegra y me ayuda a suavizarme, porque soy brusca alguna vez y demasiado expresiva. Te lo comento, Señor, con alegría.

Me ayuda Jesús cuando dice: *Yo soy el Pan de Vida, el que viene a Mí no pasará hambre, el que cree en Mí no pasará nunca sed* (Jn, 6, 35-40).

El Pan de Vida es, para mí, la Novedad de cada momento.
La Vida que recibo en alimento.
La Seguridad de que nada queda en el vacío.
El Aliento que suaviza mis bríos.
El Acontecer sencillo de mi historia.
El Sentir que me tiene en su memoria.
Y me mira con amor desde Su gloria...

En este momento de la tarde..., sol espléndido en el patio, los pájaros cantando..., no sé decir lo que me pasa... Tanta belleza en un marco de silencio colocada. Mi vida tan llena de Palabra... En este momento de la tarde, el sol, los pájaros, la belleza, el silencio son: el Pan Vivo que del cielo ha descendido.

Se necesita mucha humildad en el alma para vivir esta realidad que Jesús nos regala. Solo se entiende con la vida cuando se vive a pecho abierto ante la Palabra. Dame, Señor, tu luz y tu verdad, que ellas me guíen (Sal 43, 3) hacia dentro, donde se realiza el encuentro. AMÉN.

Buenos días, Señor. Y buenos para mí porque tu amor me acompaña. ¿Qué me vas a pedir hoy? Tu cariño es esta suavidad que vivo dentro, en medio de tanto dolor. Sufro mucho, pero Te siento cerca, no podría resistir sin Ti.

Todo está tan deteriorado... ¿Por qué? No hemos seguido tus caminos aunque nos los hayas mostrado. Somos pobres y ciegos. Así nos amas y nos salvas, aunque no lo veamos. Necesitamos luz, mucha luz, pero no podemos abrir los ojos.

Me he asomado al patio. Es impresionante lo que ocurre aquí. Me sostiene la belleza mientras espero. ¡Qué respeto me causa todo! Veo lo nuevo que saldrá de todo esto que muere sin entenderlo.

Ponte en camino hacia el Sur... (Hch 8, 26-40). Señor, me encuentro en el sur de la península. ¿Qué sur me pides? Entiendo, puede ser el suelo que piso: humildad. Con María voy donde quieras, Señor. Puede ser también algún encuentro especial como el de Felipe, o conmigo misma... Necesito, necesitamos un bautismo como el del etíope. Ponte, Señor Jesús, en nuestro camino, explícanos las Escrituras y bautízanos en tu misericordia.

Está escrito en los profetas... (Is 54, 13): *serán todos discípulos de Dios* (Jn 6, 44-52). Señor, permíteme una pregunta: en este momento de la historia en el que existe tanto desconcierto y no nos entendemos entre nosotros, ¿de quién somos discípulos? Es importante escuchar al Padre y aprender a conocer a Jesús, conocernos todos en Él. Entrar en comunión... ¡Ay, Dios mío!!!

El Pan que yo daré es mi carne para la vida del mundo (Jn 6, 52). Entiendo, Señor, que el pan que Tú me das en este momento son mis monjas, estas que tengo cerca, así como son, así Tú vives en ellas y yo las comulgo.

En el día de hoy, de forma especial, me pongo al alcance del Señor Dios para aprender a vivir su vida, celebrarla, gozarla, compartirla, como Pan bajado del cielo. Pan caliente y nuevo.

En el nombre del Padre, y del Hijo, y del Espíritu Santo. *¿Quién es esta que sube del desierto, apoyada en su Amado?* (Ct. 8, 5). Soy yo, Señor, me apoyo en ti para sostenerme. Vivo la soledad del desierto, pero vivo apoyada en ti.

Salgo al claustro y todo es nuevo para estrenar. La claridad del alba asoma por el oriente… Está en flor el azahar, respiro su aroma que llena de oración el ambiente. Los pájaros comienzan su cantar. En mi desierto interior, toda yo soy plegaria silente.

El que come mi carne y bebe mi sangre habita en mí y yo en él (Jn 6, 53-60). Comer la carne de Jesús es vivir como Él vivió: en clave de entrega. Porque Él se entregó yo vivo. Y vivo si me entrego para que vivan los hermanos. ¿Cómo me entrego? Dejo que el Señor vaya destruyendo en mí lo que impide que Su Vida pase a los demás. Es el Señor Quien lo hace, yo solo me dejo.

Comer la carne de Jesús se realiza dentro cuando uno vive dentro. Allí donde Cristo encuentra lugar adecuado para encarnarse. Comer la carne de Jesús es pasar la frontera de la «normalidad». Hay que ser valiente porque ya no hay quien le entienda a uno… Entonces se convierte en un *extraño para los hijos de su madre* (Cf. Sal 69, 8).

Como me alimento de Jesús, aunque soy mayor, no envejezco. Renuevo cada día ante Él mis ilusiones. Mi vivir transcurre entre escollos, pero libre como el río Tera en el que yo nadaba cuando adolescente. Mis aguas no se han estancado, son transparentes. Y mi vida se desliza alegre como las Chorreras de nacimiento del río Huéznar en Sierra Morena.

Despierto pensando: *¿cómo pagaré al Señor todo el bien que me ha hecho* (Sal 115, 3) y el bien de su presencia en mi despertar? Señor, con tu luz me miro y me veo como un milagro de tu amor. Para mí es un gran milagro que en 50 años de Vida Monástica, con todo lo que he visto, oído y vivido, en ningún momento ha pasado por mi cabeza la idea de buscar otro lugar que respondiera mejor a lo que yo deseaba. Con bastantes años encima, y más juventud que años, me doy cuenta de que el mejor lugar es el que Dios desea para mí. Por eso nunca me he movido de donde me ha colocado, Señor, en medio de tanta decadencia me has sostenido regalándome grandes dosis de esperanza y me has transmitido intuiciones de lo que piensas realizar. Depende de nosotros que las puedas llevar a cabo. Y todavía no me he cansado de esperar. Pero me duele profundamente que personas que pudieran ayudarnos, siembren negatividad.

Los que confían en el Señor son como el Monte Sión, no tiembla, está asentado para siempre (Sal 124, 1). Para los que confían en Dios, lo más difícil se hace posible. Veo muchos signos positivos. También los veo negativos y los expreso, a veces con dolor, pero ¿no será el contrapunto que armonice nuestra voluntad con la de Dios en una esperanza teologal? He vivido unos días un poco baja de ánimo. Con el retiro del martes levanté el vuelo. Me vino muy bien. Siempre me sucede que, cuando retrocedo un paso, en el momento de caer en la cuenta avanzo un kilómetro. Es verdad que somos muy pobres todas, tenemos carencias, pero Dios desea forjar una gran obra con nuestra pobreza. Él es Artista de amores, gracias y belleza. Señor, qué tarde tan bella… El patio precioso, sereno, gris perla. No se mueve nada, todo es silencio, los pájaros oran, yo descanso y rezo. He limpiado mi celda, me he cansado un poco y a descansar vengo.

Este modo de hablar es duro. ¿Quién puede hacerle caso? (Jn 6, 60-69). Abre, Señor, mi corazón para que comprenda tus palabras... Ante mi súplica y mi necesidad, Tú me abres toda y tomas posesión de mi mundo interior para que Te viva en clave de entrega: solo desde ahí se te puede hacer caso. *El Espíritu es quien da vida, la carne no sirve de nada.* La carne pesa y cae. El Espíritu me pone alas para volar. ¡¡¡Vamos, Mª Gracia, arriba!!! Me encanta predicarme a mí misma.

Señor Jesús, no es fácil entenderte, se necesita mucha apertura y luz interior. Tu modo de hablar es duro, pero me encanta seguirte, aunque sea renqueando. Señor Jesús, cuando muchos de tus discípulos te dejaron, Tú no saliste corriendo detrás de ellos a rebajarles las dificultades para que te siguieran. ¡Qué gran personalidad la tuya! Te quedaste con unos pocos, que no eran los mejores. ¡Qué misterio! Y te siguieron hasta dar la vida. *Señor, ¿a quién vamos a acudir? Tú tienes palabras de vida eterna.* Contigo, Señor, la vida me atrae, llena mi ser tu Palabra. Bello tu bordado de amor en mi alma: puntadas de luz, de gozo y de gracia.

DOMINGO IV DE PASCUA. CICLO B. 22 DE ABRIL DE 2018

¡Aleluya, aleluya, aleluya! *¡Deja que yo te oiga!* (Cf. Ct. 8, 13), dice el Esposo... Te oigo yo a ti, Pastor, me han despertado tus «silbos amorosos». A ti te han llegado los latidos de mi corazón. Aquí estamos el uno en el Otro. En el claustro oigo el despertar del patio. Ya se ve el alba con su blancura. Estreno la vida como cada día.

Yo soy el Buen Pastor. El buen Pastor da la vida por las ovejas (Jn 10, 11-18). ¡Ay de los pastores de Israel que se apacientan a sí mismos (Ez 34, 1). Escuchad, pastores, la Palabra de Yavé (Ez 34, 9). Hoy dedico todo mi día a los Pastores de la Iglesia, para que escuchen a Dios y el Señor esté siempre con ellos. En estos momentos que vivimos es fácil desilusionarse cuando no se ve el fruto deseado, por el que se ha trabajado tanto. Pues aquí se encuentra una monja pobre, muy pobre, y carga con el sufrimiento de los demás junto con el suyo propio. Comprendo, pero puedo transmitir una experiencia desde mi silencio, vía oración.

Cincuenta años viendo cómo cae la Vida Monástica, cómo se enfría el cristianismo, poniendo ilusión y trabajo para arribar... ¿Serán inútiles mis desvelos? Todavía siento en mi interior una voz: ¡¡¡Arriba, adelante!!! ¡Escuchemos todos la Palabra de Yavé! Es fácil ser pastor cuando las ovejas son dóciles, pero hay que seguir siendo cuando se dispersan. Jesús dio la vida, ¿qué doy yo?

Si alguien viene al monasterio sembrando negatividad, siento la impresión de que *veo venir al lobo* (Jn 10, 12). No se puede abandonar el rebaño, aunque yo no sea pastora me siento responsable como cristiana y como monja. Y llamo a gritos al PASTOR para que infunda en todos los Pastores su fuerza, su verdad, su amor y les ayude a recoger las ovejas dispersas.

PASTOR bueno, ¡¡¡voy, voy!!! Poniendo mis pies sobre tus huellas porque eres el Camino. Guiada por la luz de tu mirada, porque eres la Verdad. Impulsada por el vigor de tu presencia, porque eres la Vida... Atraída por tus silbos de único PASTOR.

LUNES IV DE PASCUA. 23 DE ABRIL DE 2018

¡Aleluya, Señor Dios! Despierto. Saludo a Dios con gratitud, me saludo yo con alegría y salgo al claustro. Me asombro ante tanta solemnidad. Me asomo al patio, respiro hondo y viene a mi memoria el Cantar de los Cantares: *¿Qué es eso que sube del desierto cual columna de humo, sahumado de mirra y de incienso, de todo polvo de aromas exóticos?* (Ct. 3, 6). Allí se trata de una boda de mucha pompa. Aquí, en el patio, lo que sube es la respiración de Dios con aroma de azahar, silencio, paz, belleza, AMOR... Auténtico clima nupcial. Señor, me encanta saber que Te gusto, lo percibo de una forma sencilla y real, más allá de toda explicación. ¿Qué tengo yo para gustarte tanto? ¡Soy tan pobre!

Vuelvo a la celda muy impresionada, me arrodillo por dentro, me abro y comienzo la *lectio*. Leo despacio el Evangelio de hoy. *Las ovejas escuchan su voz... Las llama por su nombre y las saca fuera... Camina delante de ellas y las ovejas Le siguen, porque conocen su voz* (Jn 10, 1-10). ¡Qué ternura me produce este Evangelio! ¡Percibo la proximidad de Jesús tan humano y tan divinamente tierno!

Os aseguro que Yo soy la puerta de las ovejas... Yo he venido para que tengan vida y la tengan abundante. Cada vez que habla Jesús todos mis sentidos se despampanan: es que abre mi inteligencia, es así como encuentro los pastos. ¿Cómo se entra por la Puerta? Es cuestión de sentir necesidad iluminada por el Espíritu de Jesús. Necesidad de que se cumpla en mí la voluntad de Dios sin confundirla con la mía. Su voluntad es que yo viva y venza al mundo. ¿Cómo? Renovándome en la mente y en el espíritu. ¿Cómo me renuevo? Inclinándome ante *quien todo lo hace nuevo* (Cf. Ap 21, 5) y dejándolo obrar. Él es el Pastor, la Puerta, el Camino, la Verdad, la Vida, la Luz. *Dame inteligencia y tendré vida* (salmo 118, 144).

MARTES IV DE PASCUA. 24 DE ABRIL DE 2018

¡Gloria a ti, Señor de la Pascua! Despierto con mis sentidos abiertos. Escucho y miro a ver con qué me sorprendes hoy, Señor. Tu novedad me pone en marcha al despertar. La belleza con la que adornas todo, me rejuvenece. Tu amor me seduce, y te dedico mi vivir cantando. *Para Ti es mi música, Señor* (Sal 100, 1). ¡Gracias, Señor, por la vida que me regalas para compartirla con los hermanos!

Vuelvo de Laudes. Paso por el patio y me detengo para admirar y acoger los mensajes que me regala. Es importante lo que se aprende en este patio monástico: se abre todo, se expone, regala su belleza, su silencio, su música, y no pide nada a cambio.

Subo a la celda para seguir la *lectio*. Me siento ante la Biblia abierta. Me esperaba. —*Si eres Tú el Mesías dínoslo francamente...* —*Las obras que yo hago en nombre de mi Padre, dan testimonio de Mí* (Jn 10, 22-30). Estoy pensando, Señor: las obras que yo hago pueden dar testimonio de mí, pero ¿darán testimonio de Ti? ¿Te transparentas Tú a través de mis obras? Habría que preguntar a los que me rodean, pero yo creo que sí. Todo el que me conoce se da cuenta de lo pobre y defectuosa que soy, pero yo procuro que adviertan tu gran misericordia conmigo y con ellos.

Yo y el Padre somos uno (Jn 10-30). Si Jesús es uno con el Padre, si Jesús vive también en mí (tantas veces he escuchado su voz...), algo del Padre poseo yo también. Lo sé porque Le intereso mucho. Por eso pone en mi alma grandes deseos de unión, para lo cual me limpia, me purifica a su manera, con Su Luz y su Verdad.

Este ha nacido allí (salmo responsorial de hoy, 86). Esta, que soy yo, he nacido en la Santa Iglesia de Jesucristo. He salido del Corazón de Dios. He pasado por el seno de mi madre. He crecido entre las manos de María y aterrizado en la Orden de san Jerónimo, para el servicio de la Iglesia, de la Orden y de la Humanidad. Y, pasando por la cruz, ¡camino hacia la Pascua!

MIÉRCOLES IV DE PASCUA. 25 DE ABRIL DE 2018. SAN MARCOS EVANGELISTA

¡Buenos días, Señor! Despierto pensándote, porque Tú me piensas a mí. Me mantiene en pie, en este momento difícil, el saber que Dios me piensa. ¡Qué importante es esto!

Me gusta asomarme al patio. Gran silencio que escucho con atención, porque es muy grande su carga de mensajes. Día tras día, año tras año, siglo tras siglo, ha recogido la vida de las monjas, los acontecimientos de la comunidad, todos sus avatares… Sabe del comienzo, de la plenitud, de la decadencia actual… Y Dios siempre vigilante… Y hemos llegado al siglo XXI en el que se producen grandes cambios. Y el patio sigue igual: abierto, expectante, acogedor. No guarda nada, se mantiene siempre abierto, recibe y da… ¿Qué me da a mí el patio? Me enseña a abrirme, a recoger y dar, permanecer abierta, no acumular. Recibir y dar es un cauce por el que el amor y la fuerza de Dios llegan a los demás.

Id al mundo entero y proclamad el Evangelio (Mc 16, 15-20). ¿Cómo recorro el mundo si soy monja de clausura? El mundo entero y la historia de todos los tiempos los paseo sin moverme de mi celda. Abro la Biblia, que también está escrita en mi corazón. Abro mi alma y desde el Génesis al Apocalipsis tengo mucho que andar.

Con la luz de Jesús aprendo a afrontar el presente con sus cambios y dificultades. En los Evangelios busco el discernimiento de las situaciones que vivo, y con la ayuda de María camino, recibo y comparto todo lo que soy, mientras el Señor lo purifica todo para que llegue limpio a los hermanos.

Yo he venido al mundo como Luz (Jn 10, 1-10), dice el Evangelio que tocaba hoy, miércoles, semana 4ª de Pascua. Creo en Jesús como LUZ, porque ilumina mi vida, mi historia, mi tiempo, mi espacio. Esto me produce anchura y esplendidez dentro, en medio de las dificultades. Gracias, Señor, por tu bondad, por tu gracia, por tu amor.

JUEVES IV DE PASCUA. 10 DE ABRIL DE 2018.
SAN ISIDORO DE SEVILLA, DOCTOR

En el nombre del Padre, y del Hijo, y del Espíritu Santo. Despierto pensando en lo humano que es Jesús, comprensivo y cariñoso, sobre todo después de resucitar.

En este momento de la historia creo muy necesario vivir y esperar con calma. Jesús se lo decía a sus discípulos: *No perdáis la calma* (Jn 14, 1). ¡Qué bien me viene recordar estas cuatro palabras de mi Maestro! Seguro que a san Isidoro le cupo tanta sabiduría porque vivió la calma que se desprende de Jesús Resucitado. Hoy, al despertar, pido esa calma cristiana que me ayude a vivir para los hermanos. Si yo conservo la calma trascendiendo todo lo incomprensible de este momento, puedo transmitir a los demás la calma de Jesús que vive en nosotros. ¡Qué calma en el patio, qué calma en el cielo, calma en el ambiente en este momento! Respiro muy hondo. Me ocupa el silencio... Y paso a mi celda... Todo muy sereno. Me inclino, me abro y comienzo la *lectio...*

Vosotros sois la sal de la tierra (Mt 5, 13-16). ¿Cómo puedo yo ser sal de la tierra? Solamente si soy monja. ¡Señor, hazme monja! Monja pobre, respetuosa, valiente, humilde, comprensiva, serena. Monja nueva cada momento y siempre abierta. Deseo ser la monja que se necesita en este momento de la historia. Monja viva, que ponga sabor en las almas diluyéndose ella.

Vosotros sois la luz del mundo (Mt 5-14). ¿Cómo puedo yo ser luz? Pues no lo sé, casi que ni me lo planteo. Puede ser peligroso, a no ser que no me importe acabar como mi Maestro. Me contaron una vez una fábula: «Una víbora dijo a una luciérnaga: Te voy a devorar. La luciérnaga le preguntó: —¿Te he causado algún daño? —No, respondió la víbora. —Entonces ¿por qué vas a devorarme? —Porque brillas, respondió la víbora». Es el caso de Jesús, y de quien de verdad desea seguirlo. Brilla quien es honrado, coherente, amoroso, humilde... Brilla quien vive la voluntad de Dios. Lo contrario son tinieblas.

Lámpara es tu palabra para mis pasos (Sal 118, 105). La LUZ es la Palabra. Me abro a la Palabra y ya no me preocupo de más. En la medida que me invada la LUZ, puede pasar a los hermanos. Esto sí que me interesa mucho.

Dichosa la monja que vive para poner sabor en la vida de los demás en silencio.

Dichosa la monja que vive para iluminar la vida de los hermanos en el candelero de la humildad.

Dichosa la monja que pasea por la tierra la Sabiduría de Dios. Aunque nadie lo sepa, ni siquiera ella.

VIERNES IV DE PASCUA. 27 DE ABRIL DE 2018

¡Señor Dios, acabo de despertar! *¡Deja que te oiga!* (Ct. 8, 13): *Tú eres mi Hijo, yo te he engendrado hoy.* ¡Sí, Señor, me lo creo! Y comienzo el día, ante tu mirada, como hija tuya en tu Hijo amado. Padre, necesito mucho de tu ayuda amorosa. Confío, no me dejas sola ante el peligro. ¿Qué peligro? El de retroceder en las dificultades. Que tu voluntad me fortalezca y yo, como hija tuya, crezca en tu presencia.

Vuelvo de Laudes, me detengo en el ángulo de los claustros de arriba. La belleza y la música que brotan del silencio, me transmiten paz y armonía dentro. Y pienso: estos claustros y este patio, expuestos al paso del tiempo, con sus calores y sus inviernos, con sus lluvias y sus vientos, sus deterioros y sus arreglos, no han perdido la belleza ni la calma... Su serenidad y su ejemplo se introducen en mi alma.

Creed en Dios y creed también en Mí. ¿Cómo es mi fe en estos momentos? Para mí son muy importantes las oscuridades que he vivido, porque cuando he salido de ellas, he visto el

Rostro de Dios. ¿Cómo es el Rostro de Dios? Es LUZ, entendimiento que produce paz, agilidad, y genera grandes deseos de compartir lo que se ha visto y oído.

Voy a prepararos sitio... Señor, no sabemos adónde vas... Yo soy el camino, y la verdad, y la vida nadie va al Padre, sino por Mí (Jn 14, 1-6). Jesús me impresiona mucho cuando dice: YO SOY EL CAMINO. ¡Qué seguridad y valentía! Me atrae vivir como Él, su bondad, su libertad, su Corazón siempre dispuesto para amar a todos como son...

¿Cómo podemos saber el camino?, pregunta Tomás. A mí me interesa entrar en los Evangelios, en el vivir de Jesús, sus obras, sus palabras, su libertad, su amor incondicional. Abro mi corazón, confronto mi vivir con el de Jesús y pongo mis pies rotos en sus caminos nuevos.

SÁBADO IV DE PASCUA. 28 DE ABRIL DE 2018

¡Buenos días, Señor! Despierto cantando tu gloria y Tú conviertes en alabanza mi despertar. Dame capacidad para vivir como monja. Señor, hazme monja nueva cada día, lo demás, te lo encomiendo a ti. Y despierto agradecida, el sueño es purificador y cura, y barre la levadura vieja y me pone a punto para la muerte, la vida y la Pascua.

En el claustro recibo el nuevo día y me preparo a llenarlo con la gracia de Dios que es la que conduce mi vivir. Miro hacia el oriente y oigo que los pájaros se desperezan, van a cantar porque *el Señor da a conocer su victoria* (salmo responsorial, 97).

Cuando aparece la blancura del alba, mis ojos abarcan el mundo entero. ¡Qué horizonte tan ancho me ofrece el monasterio! La belleza y el silencio me llevan lejos... Muy lejos... Miro con los ojos de los confines de la tierra que me permiten ver lejos... Muy lejos...

Si Me conocierais a Mí, conoceríais también a mi Padre (Jn 14, 7-14). Esto se consigue profundizando en la vida y dejándose purificar por ella. A mí me interesa mucho, por eso vivo atenta y vigilante. Entro en el Evangelio descalza, me pego a Jesús, escruto hasta sentir su respiración, su forma de vivir, de perdonar, de juzgar, de amar... Y me digo: «Aquí está el Padre Dios».

En las hermanas y en las personas que conozco, cuando veo detalles de amor en palabras, juicios y valoraciones me digo: «Estoy en la presencia de Dios».

Os lo aseguro: el que cree en Mí, también hará las obras que Yo hago (Jn 14, 13). Claro, vivirá derramándose, irá hacia lo profundo, amará hasta entregar la vida: *Se despojó de su rango* (Flp 2, 7). Señor, ¡qué bueno darlo todo! Aunque nadie lo sepa, aunque nadie lo entienda. Yo doy toda mi pobreza envuelta en la gracia de Dios.

DOMINGO V DE PASCUA. CICLO B. 29 DE ABRIL DE 2018

¡La voz de mi amado! Levántate, amada mía, y vente. Mira, ha pasado el invierno, han cesado las lluvias, aparecen las flores, el tiempo de las canciones ha llegado... Se oye el arrullo de la tórtola (Ct. 2, 8 ss). Voy, Señor, con una flor que he tomado de mi jardín interior, para regalarte. Y Te canto un cántico nuevo, el de hoy. Escucho la melodía de tu amor, mientras dejo correr el río de mi vivir hacia el Mar infinito de tu corazón.

Vosotros ya estáis limpios por la palabra que os he hablado (Jn 15 1-8). Para mí es muy importante escuchar, lo escucho todo, porque la Palabra de Dios se pronuncia constantemente. A mí me limpia, me vivifica y ayuda a vivir en permanente crecimiento.

Si permanecéis en Mí y mis palabras permanecen en vosotros, pediréis lo que deseéis, y se realizará. ¿Qué es para mí permanecer en su amor? Para permanecer en su amor me dejo llevar de la curiosidad espiritual, me interesa todo. En la *lectio* me doy cuenta de que la Palabra es inagotable, cuanto más se profundiza más novedad se encuentra. Esto genera necesidad de buscar el fondo de la Palabra, entrar en ella y gozar el amor que ofrece y regala, para vivir de él y compartirlo.

Yo soy la vid, vosotros los sarmientos; el que permanece en Mí y yo en él, ese da fruto abundante. Porque sin Mí no podéis hacer nada (Jn 15, 1-8). Sí, es verdad. Si pretendemos hacernos santos a nuestra manera, para agradar a Dios, y dar buenos frutos, se genera sequedad espiritual. Es Jesús Quien hace correr por nuestro interior las aguas bautismales de la gracia. *Sin Mí no podéis hacer nada*. Me uno a Él, Vid verdadera, y sigo con fidelidad aprendiendo y tomando todo lo nuevo que me regala. Por eso vivo alegre en momentos de cambios profundos que Dios vigila. Y llevará a buen término la historia.

Buenas noches, Señor Dios. Ya me retiro a descansar. Cuando esta mañana me asomé al patio, me sentí libre y con ganas de volar, aun en medio de tantas dificultades. Es que vivo en la seguridad de que la historia la llevas Tú, Señor, y desembocará en tus brazos.

LUNES V DE PASCUA. 30 DE ABRIL DE 2018

¡Gloria a ti, Señor! Acabo de despertar, Señor, y algo muy sencillo me danza dentro. Escucho tu Corazón, intuyo que Tú escuchas el mío. Te miro y veo tus ojos sobre mí. Te saboreo porque me gustas. Me tocas y te gozo como caricia. Percibo tu aroma y me parece que Tú disfrutas la fragancia de tu Hijo en mi jardín interior. Ahí Le tengo refugiado a Él. ¿Por qué lo sé? Porque tengo hermanos refugiados en mi corazón. Hermanos que sufren, los conozco, también hermanos que gozan. Todos me cuentan sus cosas. Los amo, los escucho...

Soy cristiana y soy monja, no solo para rezar, también para acoger, comprender y amar.

Si noto que Dios me toca, ¿cómo explicaría yo el tacto de Dios? ¿Cómo es? Es una luz que se nota dentro. Luz especial en un momento determinado. Es un tacto que toca la vida y la cambia. Dios realiza maravillas en las almas, pero les deja ciertos defectos que son como la sal que preserva de la corrupción. Esto lo he descubierto en mí, por eso lo sé. Gracias, Señor, porque me iluminas mis defectos.

¿Qué ha sucedido para que Te muestres a nosotros y no al mundo? (Jn 14, 21-26). La gente sabia del mundo entiende y se enreda con las cosas del mundo. La gente sencilla capta con más facilidad las cosas de Dios porque todo lo ve con sencillez. A los letrados, tan llenos de leyes, no les cabía la síntesis de Jesús. Toda la ley y los profetas se reducen a *Amar a Dios sobre todas las cosas y al prójimo como a uno mismo* (Mt 22, 37).

Vendremos a él y haremos morada en él (Jn 14, 24). ¿En qué noto ese morar en mí? En la paz interior, que si es paz verdadera no se puede ocultar. El amor a todos, sean como sean, la comprensión, la tolerancia, la ayuda incansable, aunque no lo entienda nadie. Y ayudar a todos a crecer en el amor, no solo con la palabra, la vida es más eficaz. Comprendiendo que no todos tenemos la misma capacidad, o no les ha llegado el momento de Dios. ¡Qué importante es esto!

Ahora que me retiro a descansar me doy cuenta de que el Padre, el Hijo y el Espíritu Santo ocupan mi corazón. Me gusta entrar en mi jardín interior y ver las flores de las distintas épocas de mi vida. En cada amanecer vuelven a abrirse y al terminar el día me ofrecen una fragancia nueva que regalo a Dios con gratitud y a los hermanos con alegría.

¡Ave María, llena de Gracia! Saludo y felicitación, amor y veneración a la Madre de Jesús y Madre del Género Humano. En el comienzo de este mes de mayo, dedicado a Ti, te saludo en nombre de todos los hermanos del mundo, hijos tuyos.

Hoy, al despertar, me he sentido invitada a revisar mi vida a la luz de María Santísima, Madre de Dios, para profundizar en la voluntad del Señor sobre mí. ¡Qué sorpresa la de María! Nos cuenta san Lucas: *María se turbó* (1, 29).

La verdad es que las sorpresas de Dios, algunas veces, desconciertan mucho. ¿Qué me dice a mí el Ángel en este momento?

Ninguna cosa es imposible para Dios (Lc 1, 37).

¿Es que hay algo imposible para Yavé? (Gn 19, 14).

Mira que yo soy Yavé. ¿Habrá algo extraordinario para Mí? (Jr 32, 27).

Tú hiciste los cielos con tu gran poder y tenso brazo... Nada es extraordinario para Ti (Jr 32, 17).

En este momento difícil me pongo en manos de Dios, como María, y que se cumpla su voluntad. Esto saldrá adelante, con la ayuda del Señor, porque muchos signos nos ha dado de que lo desea. Espero y confío en la ayuda de María.

En las horas bajas acudo a Ella y me digo: ¡María me demuestra con su humildad, qué es ser mujer! Las dificultades inherentes a la vida, bien gestionadas, nos ayudan a crecer.

¡Qué tormenta se ha desencadenado! ¡Después de la tempestad viene la calma! Lluvia, relámpagos, truenos... Ahora el patio está espléndido de sol, belleza y cantos de pájaros. ¡Gracias, Señor, por tus regalos!

Para terminar el día, ¿qué me ha dicho el Evangelio de hoy? *La paz os dejo, mi paz os doy... No como la da el mundo* (Jn 14, 27-31). Jesús me demuestra con su vida qué es ser cristiana. Y he de reconocer con humildad que me sobrecoge un poco. En la primera lectura de ayer, decía Pablo al lisiado: *Leván-*

tate, ponte derecho (Hch 14, 8-10). Pues sí, Señor. Me pondré derecha con tu ayuda y ¡hágase tu Voluntad!

MIÉRCOLES V DE PASCUA. 2 DE MAYO DE 2018

En el nombre del Padre, y del Hijo, y del Espíritu Santo, y de María. María, ¡es música tu Nombre! ¡Qué bien me suena! Tu SÍ sostenido llena la historia de melodías nuevas. Te ofrezco, al despertar, un salmo de alabanza que sale de mi corazón. ¡Alégrate, María! Tú llevaste en tu seno a la Palabra Creadora de cielo y de tierra, el Verbo, y lo alumbraste como Salvador del mundo. Me gustas mucho, María, en Ti me siento madre del Universo. Me has regalado algo de tu ternura. Lo sé porque todo lo que contemplo lo acaricio dentro.

Cuando me asomo al patio crecen inmensamente mis brazos y lo abrazo todo como salido de mis entrañas. El amor tiene estas cosas que pueden parecer extrañas, pero no lo son. También la *lectio* me ensancha mucho, por eso soy más grande por dentro que por fuera. Esta grandeza la entiendo más hacia abajo que hacia arriba. No sé expresar esto bien, pero sé lo que quiero decir, es cuestión de humildad.

Yo soy la verdadera vid, mi Padre es el labrador... A todo sarmiento que da fruto lo poda, para que dé más fruto (Jn 15, 1-8). Soy castellana de la Tierra del Pan y del Vino. Soy grano de trigo sembrado en el surco del Señor. Soy sarmiento unido a la Vid, podado con amor. En Cristo Jesús soy eucaristía: alimento para los hermanos y alegría. Es muy importante permanecer en Jesús.

Sin Mí no podéis hacer nada (Jn 15, 7). Es verdad. Es una experiencia que he vivido profundamente. Cuando deseaba compartirla, no me entendían y se escandalizaban. «Hay que trabajar mucho para ser santos», decían. Bien, respeto... A mí me ha ido muy bien dejar que me trabaje el Señor a su manera. Mi trabajo ha consistido en ponerme en sus manos: fidelidad, gratitud, gratuidad, asumir serenamente mis fallos. Y aquí estoy Señor... Como Jesús, como María.

Señor, tu amor y tu presencia son la brisa fresca en el atardecer de mi vida. *¡Sin Ti no puedo hacer nada!*

JUEVES V DE PASCUA. 3 DE MAYO DE 2018.
SS. APÓSTOLES FELIPE Y SANTIAGO

Contad a los pueblos la gloria del Señor... Proclamad día tras día su victoria (salmo responsorial de hoy, 95). Esto es lo que hago al despertar y dormida, y lo grito a los hermanos durante todo el día. Me enseña y me ayuda María.

Querida María Virgen, me gusta mirarte, porque en Ti descubro que Dios también realiza en mí cosas grandes. Y de Ti aprendo cómo he de vivir para que Dios pueda llevar a cabo su obra en mí. Me cubre con su gracia, me sostiene en la dificultad, me regala todo lo que he de compartir con los demás, en especial los de cerca. Me da sus gracias y me las pide para los hermanos.

Y yo ¿qué le doy? Me abro y... aquí estoy. Soy yo misma el don que Dios espera. Lo entiendo así cuando en silencio profundo escucho la Palabra. Vivir esto es arriesgado porque no sé qué «se le ocurrirá» al Señor pedirme. Es más gratificante hacer lo que se me ocurra a mí para agradarle, pero prefiero Su Voluntad a la mía. Su Voluntad pone fuerza en mi debilidad y me mantiene en la Verdad. Mi voluntad puede llevarme a vivir engañada.

—*Señor, muéstranos al Padre y nos basta...* —*Quien me ha visto a Mí ha visto al Padre* (Jn 14, 6-14). ¿Qué me dice esta Palabra? Me invita a plantearme, constantemente, mi amor a los demás, porque quien ama da razón de Quién es Dios y cómo es, y acerca a Dios a los hermanos y a los hermanos a Dios. De esto podría yo decir preciosas experiencias. Pero lo importante es vivir en profundidad. Después el amor se expande sin necesidad de palabras. El amor es PALABRA.

Sin que hablen, sin que pronuncien, sin que resuene su voz, a toda la tierra alcanza su pregón y hasta los límites del orbe su lenguaje (Sal 18, 4-5).

VIERNES V DE PASCUA. 4 DE MAYO DE 2018

En el nombre del Padre, y del Hijo, del Espíritu Santo y de ti, María.

Me gusta oír la voz de Dios al despertar: «¡Alégrate, María de Gracia!». Sí, Señor, me alegro por tu Gracia, por tu Luz y por María Santísima. Tu Gracia para seguir esperando. Tu Luz para descubrir mi fondo, verme tal como soy y sentirme objeto de tu misericordia. Y María para aprender de Ella a amarte a Ti y a los hermanos.

Me han despertado los mirlos, especialmente contentos hoy. Entre sus cantos contemplo el lento pasar de las nubes en silencio. ¡Qué belleza de formas! ¡Gran silencio! A la izquierda nubes como montañas con sus cimas de colores. Pronto saldrá el sol y sonreirán las flores.

Este es mi mandamiento: que os améis unos a otros como yo os he amado (Jn 15, 12-17). ¿Cómo amo yo? Ahora que soy mayor me doy cuenta de que para amar como Jesús, hay que ser bastante inteligente y haber adquirido cierta madurez, libertad y una buena dosis de humildad. Inteligente para saber dar el amor que realmente necesita cada persona. Madurez para amarla tal como es, sin crearle dependencia. Libertad para ayudarle a crecer y ser ella misma. Creo que así es como nos ama Jesús a través de las personas inteligentes, maduras, libres, humildes y tan pobres como yo.

Espero con alegría y confío. Cada uno ama como puede. Y el Señor completa lo que a nosotros nos falta. Así es su Pascua.

SÁBADO V DE PASCUA. 5 DE MAYO DE 2018

Despierto. *Busco a mi Amado en mi corazón* (Cf. Ct. 3, 1). Señor, después del día de ayer despierto especialmente serena. Soy toda gratitud en tu presencia. Asomada al patio, Te ofrezco el torrente imparable de la vida que corre hacia la plenitud en Ti. Y la belleza infinita, la música callada y a veces sonora, que cabe en este patio llenando las horas. Te ofrezco la luz blanca de la luna que, en sus ciclos se esconde para embellecerse, después aparece adornada de plata y luz para iluminar la noche. Te regalo todos los amaneceres del planeta en los que cada persona comienza de nuevo a caminar hacia la meta. Te ofrezco el misterio del dolor humano en el que se encuentra a Jesús con su abrazo. Y como oración del amanecer, todo esto que me pone en pie de alabanza.

No es el siervo más que su Señor... También a vosotros os perseguirán (Jn 15, 18-21). Sembrar amor y recoger odio es algo difícil de entender. ¡Qué pobres somos! Entrar en la realidad de Jesús es estremecerse, sobre todo cuando se tiene experiencia de la luz y del perdón.

Os perseguirán porque no conocen al que Me ha enviado (Jn 15, 21). Aquí está la clave del asunto. ¿Por qué? ¿Será que tenemos una imagen de Dios incorrecta? O no lo buscamos dentro, sino fuera. ¿Nos haremos un Dios a nuestra imagen y semejanza y nuestro dios nos impide acercarnos al Dios Padre de nuestro Señor Jesucristo? Yo me lo planteo muy en serio.

Con la ayuda de María, aprendo a escuchar mi soledad y

vivirla con mucha paz. Creo que Jesús aprendió de su Madre a vivir la soledad que produce la incomprensión. Ella me ha enseñado también a escuchar mi corazón y a descubrir a Dios en la música de mi silencio.

DOMINGO VI DE PASCUA. CICLO B. 6 DE MAYO DE 2018

Canto al Señor un cántico nuevo porque ha hecho maravillas (salmo responsorial, 97). Señor, te has pegado a mí de tal forma que eres el primer gozo que vivo al despertar. María me enseña y ayuda a vivirlo. Me has pegado a Ti de tal forma que soy la ilusión de tu constante crear cosas nuevas y bellas: realidades impresionantes que me fascinan. Sobre todo, que todos somos tu ilusión y tu sueño de amor. Esto lo descubro con ayuda de María. Y comienzo el día cantando un cántico nuevo, a coro con María, los pájaros, el rumor de la brisa al amanecer, en honor al Creador, porque ha hecho maravillas. Gracias, señor, porque me has hecho cantora de tu presencia sublime. Gracias porque me haces monja. Al comenzar el día me asomo a mi pozo interior de donde sale el agua clara y fresca de tu gracia. ¡¡¡Gracias!!!

Como el Padre me ha amado, así os he amado yo. Permaneced en mi amor (Jn 15, 9-17). Me impresiona el interés que tiene Dios por nosotros. Lo siento tan profundo que no sé decir nada. ¿Quién es Dios para mí, cómo me ama? Es Alguien que se interesa por mí. Me atrae y me prepara vaciándome de todo lo que me impida vivir su vida en mí. Eso lo realiza con mucha delicadeza, es un proceso de toda la vida. Cuando se es mayor, como yo, se da uno cuenta de la obra de Dios, ¡¡¡qué gratitud!!! Me gusta mirar y recordar mi pasado. Me ha sacado de peligros grandes, me vacía de mí misma, de mis vanidades, de mis incoherencias, me lo hace ver todo y me lo va curando con su gracia. Mi vida es muy densa en aconteci-mientos, pero Dios me ha llevado como un padre a su hijo pequeño. Sobre sus alas me ha subido y he volado, mucho. Me atrae hacia su misterio para seguir volando.

Permaneced en mi amor (Jn 15, 1). ¿Cómo permanezco en su amor? Guardando sus mandamientos, ya lo dice Él. Pero los suyos interpretados a su luz. Permanecer en su amor es amar como ama Él: dar la vida, dejar la piel... Y encontrar la vida con una piel de todos los colores, de todas las razas. Así es la piel de Dios, decía una canción de mis tiempos jóvenes.

Amo a mis monjas tal como son, así las ama Jesús, así las ama Dios. Y me derrito por ellas. Comprendo que no me entiendan, esto no es óbice para el amor, trato de compren-derlas yo a ellas. Alguna vez siento dolor, pero sigo amando y permaneciendo en su amor, con ayuda de María Santísima, como Ella permaneció.

Sabía Jesús cercano su fin trágico y les hablaba de alegría que llega a plenitud en su Él, de amistad, de elección, de frutos duraderos y de amarnos unos a otros... MISTERIO DEL AMOR...

LUNES VI DE PASCUA. 7 DE MAYO DE 2018

El Señor ama a su pueblo. ¡Aleluya! Da gusto despertar con esta noticia que nos da hoy el salmo responsorial (149). Señor, tu cariño profundamente experimentado cada día al despertar, solo puede expresarse con la vida. Mientras el Señor me sueña, su sueño me purifica para ver, oír, oler, gustar y palpar su amor y el brillo de su mirada. Me asomo a mi jardín inte-rior y contemplo mis flores, las que ha plantado María en mis arriates, de los que ha tomado posesión hace muchos años y cultiva a su manera. Cada flor es una faceta de mi paisaje interior que, con amor Ella embellece para los hermanos, y me prepara a vivir la novedad que ya está en marcha.

Lidia, natural de Tiatira..., *estaba escuchando, y el Señor le abrió el corazón para que aceptara lo que decía Pablo* (Hch 16, 11-15). ¿Qué me dice esta Palabra? Me invita a la gratitud, porque está pendiente de mis oídos para entrar y abrir mi corazón. ¡Escucho..., escucho! Para mí es muy importante escucharlo todo: mi corazón, la vida, el ambiente que me rodea, el silencio... Así oigo a Dios y en Él a todos los hermanos del mundo.

Cuando venga el Espíritu de la Verdad que procede del Padre, Él dará testimonio de Mí (Jn 15, 16-26). ¿Cómo acojo yo ese testimonio? Con mucho respeto, desde dentro de mí. Es ahí donde estudio las luces que recibo, ahí confronto mi vida con la de Jesús, abro todos mis sentidos y aprendo a diferenciar las luces del Espíritu de las mías y de las del espíritu que no es el Santo y al que le gusta enredar.

Y también vosotros daréis testimonio de mí. Porque desde el principio estáis conmigo (Jn 15, 16-26). Eres Tú, Señor, Quien está con nosotros, desde que, en la aurora de los tiempos, nos pronunciaste como Palabra Creadora que eres y comenzamos a existir. Por eso nosotros podemos estar Contigo ahora. Si fuéramos conscientes de esta realidad viviríamos una riqueza inmensa. Es una forma de ser testigos. Hemos sido creados para ser ricos en el Creador. Es otra forma de ser testigos. Los conflictos surgen cuando nos desviamos y cambiamos de dirección la mirada. Y entonces los testigos terminan como Jesucristo. Por eso yo soy invitada cada día a poner mi vida en el Señor, y la pongo, porque soy muy pobre y he de apoyarme en Él. También es una forma de ser testigo.

Buenas noches, Señor. Vengo del patio. Todo es aroma, belleza y silencio. Habla Dios en todo lo que calla.

¡Aleluya, aleluya, aleluya! Delante de los ángeles tañeré para ti, Señor (salmo responsorial, 137). Señor, al despertar hoy, te expreso mi orgullo, gratitud y alegría, porque Tú eres el Autor de la vida y me vivificas con tu gracia, tu amor y tu cariño.

Hoy, día de mi onomástica, te doy gracias por María, «Medianera de todas las Gracias», porque encamina mi vida por caminos de liberación. En este momento de la historia tan especial, veo surgir de las entrañas de María una generación nueva. Señor, desde lo más hondo, donde a ti te gusta colocarme, vibro con Buena Nueva que constantemente me regalas y no cabe en palabras. Solo puede expresarse con la vida como canto nuevo, danza nueva, regalo para la historia, la Humanidad y el Universo.

Al volver de Laudes me ha impresionado el ambiente del amanecer, todo envuelto en un color blanco precioso, como de plata. El sol no ha salido, el alba se ha desbordado en belleza y ha dejado todo bordado en blanco, color de pureza, en honor a María.

Me voy al que me envió… Os conviene que Yo me vaya (Jn 16, 5-11). ¡Qué impresionante la serenidad de Jesús al despedirse de los suyos y sabiendo lo que Le esperaba! Él siempre pensaba en la salvación de todos. He vivido despedidas dolorosas, desarraigos fuertes… Esto me permite entrar en el Corazón de Jesús, en el de los apóstoles, en el de los hermanos, para vivir con ellos sus alegrías y sus penas desde mi silencio. Y he vivido también lo que queda después de las despedidas y los desarraigos, estos me han dejado abierta y vacía para recibir todo lo que se me ha regalado: la luz, el Espíritu del Señor, todos los hermanos y…

María, qué regalo tan hermoso eres Tú, mi canto al despertar, mi gozo de vivir y mi aliento y mi ilusión, mi bienestar y mi descanso en Ti. ¿Qué soy yo para Ti? El blanco de tu mirada y una nota de tu canto.

El Señor completará sus favores conmigo. ¡Señor, tu misericordia es eterna, no abandones la obra de tus manos! (Sal 137). Amén.

MIÉRCOLES VI DE PASCUA. 9 DE MAYO DE 2018

En el nombre del Padre, y del Hijo, y del Espíritu Santo. Estoy pensando, Señor: ¿cómo puedo seguir viviendo después de verte al despertar? Con la ayuda de María todo es posible en mi caminar.

El Espíritu de la verdad os guiará hacia la verdad plena (Jn 16, 12-15).

Vuelvo de Laudes y siento deseos de volar. Me paro en el claustro de arriba, miro al cielo. ¡Puedo volar! En este sereno y bello amanecer vuelo por el espacio infinito del Misterio.

¿Qué es para mí ver al Señor al despertar y seguir viviendo? Trato de expresarlo hasta donde pueda, porque es algo que me llena y he de volcarlo para los hermanos. Es la nitidez, la transparencia que hace posible, a través de todos los sentidos abiertos, descubrir la Verdad que Jesús desea para mí, la realidad que se encuentra más allá de mis ideas, deseos, intuiciones, imágenes… Más allá de mi sentir… Justo en el centro de mi vivir, donde el Hijo realiza su obra y me hace consciente de que en Él soy hija del Padre y hermana de todos los hombres de todos los tiempos. *En Él vivimos, nos movemos y existimos* (Hch 17, 15-18). ¡Me encanta volar por el Misterio mientras piso la realidad del suelo!

Muchas cosas me quedan por deciros, pero no podéis cargar con ellas por ahora (Jn 16, 12-15). Por eso vuelo por el Misterio Infinito y buceo en el Océano inmenso de la Palabra que me lanza a la búsqueda y profundización de la Verdad Plena, con la ayuda del ESPÍRITU que Él nos envía.

Hoy hemos celebrado, con todo fervor y cariño, la Traslación de san Jerónimo, que sigue diciéndonos: «Ignorar las Escrituras es ignorar a Cristo». Santo Padre Jerónimo: ¿qué piensas de la Orden Jerónima y de la Iglesia hoy? Te escucho y oigo cómo gritas desde el Cielo: «¡Lo vuestro es! ¡Ser lo que es Cristo!». Yo me lo he tomado en serio, porque es un deber, ya que Él se rebajó hasta nosotros tomando nuestra carne. ¡Misterio del Amor!

JUEVES VI DE PASCUA. 10 DE MAYO DE 2018. S. JUAN DE ÁVILA, DOCTOR

En el nombre del Padre, y del Hijo, y del Espíritu Santo. Despierto, abro los ojos. Me saludo cordialmente en la presencia del Señor y le informo. Él lo sabe, pero me gusta pronunciárselo: «He dormido pascualmente, y despierto «pascualizada» por tu presencia, Señor, siempre a punto con tu cariño fresco, recién salido de su Corazón. Gracias, Señor, porque me has hecho sensible a esta realidad tan profunda y hermosa. Además me regalas el patio donde, al amanecer, renuevas mi corazón que late por Ti, por todos los hermanos y por mis monjas, también por mí».

Vuestra tristeza se convertirá en gozo (Jn 16, 16-20). Claro, Señor, estás diciendo que Te vas… Las despedidas son muy dolorosas, yo lo sé. Pero prometes volver. En realidad no Te has ido nunca, Señor: vives entre nosotros desde que nos pronunciaste en el alba de los tiempos. Después tomaste nuestra carne. ¡Qué misterio!

A mí me invade el gozo de ese maravilloso momento de la creación, cuando contemplo estremecida la blancura del alba en cada amanecer y vuelo con las alas del Espíritu hasta allí… Miles de siglos. Y te doy gracias, Señor, porque me has hecho sensible, porque abres mis sentidos, para verte, oírte, percibir tu aroma, gustarte, tocarte en los hermanos. Esta sensibilidad la deseo mucho para todos. Es muy importante; ¡concédenosla, Señor!

Vuestra tristeza se convertirá en gozo (Jn 16, 20). También sé cómo, a lo largo de mis años, después de cada dolor, he experimentado la alegría de un bautismo y la esplendidez que ha dejado en mí tu paso por mi vida. Es el gozo de la Resurrección. Es la verdad plena que nos decía ayer Jesús. Y sigo siendo pobre y defectuosa, pero mi pobreza es lo que me impulsa a vivir de Jesús que vive en mí.

En el Evangelio de hoy, fiesta de san Juan de Ávila, dice Jesús a sus discípulos: *Vosotros sois la sal de la tierra. Vosotros sois la luz del mundo* (Mt 5, 13 -19). Y precisamente no eran muy perfectos, pero no les dijo «tenéis que ser», sino «sois». ¿Cómo entiendo yo esto? La experiencia de mi pobreza me dice: si vivo para corregir mis defectos, no lo voy a conseguir y me pierdo la obra de Dios, lo que Él desea realizar en mí. Por eso me pongo en manos del Señor y Él me trabaja a su manera, me hace transparencia suya, y así puedo poner su luz y su sabor en la vida de los hermanos desde mi pobreza, mi clausura, mi oración y mi silencio. Es lo único que pretendo.

Ahora vengo del patio. ¡Qué rato tan bello he vivido mientras anochece! Las flores se han dormido, todo quieto, todo sereno. Dios enciende las estrellas en mi cielo interior y yo me escondo en su MISTERIO.

VIERNES VI DE PASCUA. 11 DE MAYO DE 2018

Gloria al Padre, y al Hijo, y al Espíritu Santo, presentes en mi despertar. Despierto y escucho la obertura de mi vivir de hoy. ¡Todo música, ritmo y Dios tan cerca! Esta noche ha danzado en mi corazón la Palabra y me ha puesto a punto para acoger y transmitir el mensaje que desea pasar a los hermanos. Es la Novedad inquieta, dinámica, que no para ni deja parar. *Realizo algo nuevo, ya está brotando, ¿no lo notáis?* (Is 43, 18-19). Sí, lo noto yo, porque me cuesta dolores de parto, y alegría de vida nueva. ¡Cómo no lo voy a notar! *La mujer, cuando da a luz, siente tristeza… Pero en cuanto da a luz al niño, no se acuerda del apuro, por la alegría de que al mundo le ha nacido un hombre* (Jn 16, 21). Me imagino la Vida Monástica «nueva» gestándose en el seno de un «Resto» que solo Dios conoce, pero existe… A esa vida nueva le preceden las molestias de la gestación y fuertes dolores de parto. También la Iglesia, la sociedad y este tramo de la historia, que necesitan nacer de nuevo, se gestan en el seno del mismo «resto». Parto cósmico en el que todos hemos de participar. Esto lo intuyo desde hace muchos años, y lo he expresado. Se necesitan muchas fuerzas para que nazca la criatura. Es necesario que empujemos todos.

Recuerdo aquel pasaje de Isaías 37, cuando el rey Ezequías mandó al profeta emisarios, vestidos de saco, que le dijeron: *Así habla Ezequías: Día de angustia, de castigo y oprobio es este día; los niños están a punto de nacer, pero falta la fuerza para darlos a luz… Eleva, pues, una oración por el resto que aún subsiste.* La monja auténtica es una mujer que no vive de misticismos falsos y vacíos, sino de la realidad profunda y la fuerza que Dios le regala cada día, para ponerla al servicio del «resto que aún subsiste».

Volveré a veros y se alegrará vuestro corazón y nadie os quitará vuestra alegría (Jn 16, 20-23). Me encanta la promesa de Jesús porque la cumple. Lo sé por experiencia, Él siempre ha llegado a tiempo en mis fuertes dolores de parto, de los que han nacido criaturas nuevas: la paz, el amor, la libertad, la alegría… ¿Por qué estas criaturas nacen, la mayoría de las veces entre dolores de parto? Creo que porque existe el mal con su carga de oscuridad, mentira, muerte, inhumanidad. Pero Jesús ha vencido y siempre llega a tiempo de alegrar mi corazón con su luz y su verdad. ¡Qué humano es Jesús y qué divino! Es una alegría que nadie nos puede quitar.

¡Proclama mi alma la grandeza del Señor! (Lc 1, 46). María me acompaña al despertar. Cantamos el *Magníficat*, y me recuerda al salmo responsorial de hoy, que leí anoche: *Dios es el Rey del mundo. ¡Aleluya!*

Esto de tener un Rey y una Reina tan cercanos, al comenzar el día, llena mi vida. Me gusta despertar abierta ante Ellos y que me vean tal como soy: con la cara de dentro descubierta, sin máscaras, todo mi ser expuesto a Sus miradas. Ellos no se escandalizan de mí, porque me aman y entran en mi corazón por todos mis sentidos abiertos. Sé que les gusto, no porque yo sea bella, sino porque Ellos *me purifican de todas mis inmundicias e idolatrías* (Cf. Ez 36, 25). Me veo a mí misma a través de la claridad que Ellos proyectan sobre mí, y de su amor. Por eso no me escandalizo de mí, me veo como me ven Ellos, así les facilito que realicen su obra en mí. Es muy hermoso esto, da mucha paz y gozo interior, claridad y esperanza.

Yo os aseguro: si pedís algo al Padre en mi nombre os lo dará. Hasta ahora no habéis pedido nada en mi nombre. Pedid y recibiréis, para que vuestra alegría sea completa (Jn 16, 23-28). Jesús dice con mucha seguridad que lo que se pida en su Nombre el Padre lo dará. Pero no siempre lo concede. ¿Por qué?

¿Cómo se pide en nombre de Jesús para que Dios no lo niegue? ¿Qué es pedir en nombre de Jesús? Haciendo la *lectio* con el Padrenuestro lo he descubierto. Jesús mismo dice lo que hay que pedir y Dios no lo puede negar. El Señor pone en mi corazón el deseo de hacer vida el Padrenuestro. Lo que hago es ser fiel a ese deseo que Dios me regala para compartir.

¿Cómo sé yo que me concede el que su Nombre sea santificado, que venga a nosotros su Reino y se haga su Voluntad, que nos dé el Pan de cada día y nos perdone y no nos deje caer en la tentación? Soy muy pobre, no sé explicarlo, pero lo vivo. Y si yo lo vivo, con mi pobreza, es vida que pasa a los hermanos y se benefician, aunque no nos demos cuenta de ello. También yo me beneficio de las gracias que Dios concede a los demás.

Me preparo para vivir la solemnidad de mañana, la Ascensión del Señor. Paso por el patio, el búho grazna. Miro las estrellas, escucho el silencio. Canto un cántico nuevo. Buenas noches, Señor. Me retiro a descansar con tu bendición.

DOMINGO VII DE PASCUA. LA ASCENSIÓN DEL SEÑOR. CICLO B. 13 DE MAYO DE 2018

«El 13 de mayo
la Virgen María
bajó de los cielos
a Cova de Iría…»

Me han despertado mis recuerdos de niña, cuando me visitaba una pequeña imagen de la Virgen de Fátima. Cada niña la recibíamos una vez al mes. La colocaba yo en mi habitación, donde Le preparaba un altar, y junto a Ella viví ratos inolvidables.

En el Caño cogía flores para adornarla. Y disfrutaba mucho al escuchar el rumor del agua de ese arroyo con sus orillas de tantos colores, árboles con música de jilgueros y brisas de agradable frescor y olores. Después me sentaba en una piedra, o en el suelo, para pensar, cantar los cantos de la Virgen que aprendí de mi tía. Y volver a casa con un precioso ramo para María…

¡Qué recuerdos tan bellos! Forman parte de mi *lectio* de este día, son un trozo de mi vida que Ella contempló y guió en aquellos momentos de mi infancia. Y siempre.

Entre María y Jesús abro hoy los ojos con la libertad que Ellos me regalan al despertar. La libertad no es cuestión de ideas, ni definiciones bonitas, es simplemente respirar la Vida que no se sabe lo que es si no se respira. Y poder respirarla es gracia. La libertad limpia el corazón de miedos, escrúpulos, neuras... Si se sienten alguna vez se superan pronto. Para mí son el precio de la libertad y la felicidad, porque purifican y me sacan a una situación nueva, a una luz nueva, me ponen en la tierra de la realidad abonada por la Verdad. *En el aprieto me diste anchura* (Sal 4, 1).

Id al mundo entero y proclamad el Evangelio a toda la creación (Mc 16, 15-20). Este es el mensaje que se me encomienda. Como soy monja de clausura recorro el mundo entero con toda la velocidad de las alas que el Espíritu coloca sobre mis hombros. Al amanecer, cuando me asomo al patio y asumo el silencio, la belleza, la música, la vibración profunda de la vida que Dios infunde en este espacio monástico, me siento volar velozmente con el mensaje de vida para derramarlo en toda la creación.

Jesús no se ha ido, sigue entre nosotros palpitando en nuestras vidas. Este es el mensaje que yo trasmito desde mi experiencia. Esta es mi actividad misionera.

LUNES VII DE PASCUA. 14 DE MAYO DE 2018. S. MATÍAS, APÓSTOL

Desbordo de gozo con el Señor, y me alegro con mi Dios (Is.61, 10). Porque a María la siento presente en mi despertar, para hacer de mi vivir una alabanza al Dios de la Vida. También la experiencia de la proximidad de Dios, que no puedo expresar con palabras, me sumerge en un mar de respeto que me sobrecoge, y al mismo tiempo me expande, me libera y me pone en la realidad del momento que vivo.

Al volver de Laudes, antes de pasar a la celda, me he detenido un rato en el claustro mirando al patio. ¡Me emociona la blancura de este amanecer y su quietud solemne! De pronto veo la torre envuelta en tonos dorados... ¡Oh! Es que recibe los primeros rayos del sol que asoma derramando belleza, luz y color. Eso mismo sucede dentro de mí: recibo una luz y un color nuevos. Y paso a la celda a continuar la *lectio*.

A vosotros os llamo amigos, porque todo lo que he oído a mi Padre os lo he dado a conocer (Jn 15, 9-17). Señor Jesús, es magnífico sentirte amigo. No tengo palabras para expresarlo, pero se me ha regalado una vida para vivirlo, en oscuridad y en luz, en dolor y en gozo, en muerte y en resurrección...

Señor, Tú siempre estás a punto para decirme algo nuevo, y lo expreso con las palabras de siempre, no tengo otras. Mira, Señor, te comento: todo lo que me has regalado en la oración y en la *lectio*, durante toda mi vida de monja, he sentido mucha necesidad de compartirlo con mis hermanas de comunidad y no me han entendido. Puede ser que yo no me exprese bien, pero, si no entendieron al Maestro, ¡cómo me van a entender a mí que soy tan pobre! En cambio, gente seglar me buscan para que les hable de mi experiencia de Dios... ¡Qué misterio!

Dijeron los discípulos a Jesús: Ahora sí que hablas claro (Jn 16, 29-33). ¡Qué clara es la vida cuando se vive en profundidad! Cuando Jesús se deja sentir en el fondo, cuando me baja hasta tocar fondo... *Me dejaréis solo, pero yo no estoy solo, porque está conmigo el Padre* (Jn 16, 33). Sin el Padre es imposible resistir ese «fondo», pero la persona puede abandonar esa experiencia por no abrirse a la luz, por miedo, por falta de serenidad o de ayuda... No perderá la vida, pero quedará en la superficie y se pierde el gozo de la Vida. Lo normal es que si se sigue a Jesús «de verdad, de verdad», se llegue a experimentar esa soledad que yo no sé decir pero sí he llegado a sentir. Es una mezcla, o un proceso de dolor, gozo, amor, libertad...

María, Madre de Jesús y nuestra: vengo del patio, he visto anochecer. La sinfonía de los pájaros, mientras se recogían en sus nidos, me ha emocionado. Sor Margarita ha regado las plantas: huele a tierra mojada. Me encanta. Te traigo el aroma de las flores de mi jardín interior, regadas por el Espíritu de Dios. Gracias por este día que pongo en tus manos con amor.

Mi guardián no duerme (Sal 120, 3-4). Mi Guardiana tampoco. Duermo bien acompañada. Me ha despertado la luz de la presencia de Dios y la caricia maternal de María y el aleteo del Espíritu Santo. Así expreso esta experiencia que no cabe en palabras. Pero, de alguna forma necesito decir la vivencia que pone en marcha todo mi ser en el día de hoy.

Señor, ¿qué es esto que me danza dentro cuando me asomo al patio y escucho? Hoy me he impresionado al sentir que el patio me esperaba para mostrarme su historia de siglos. Aquí se respiran vivencias de las hermanas que han pasado por estos claustros a través de 550 años, y están vivas. En este recinto se nota algo importante: las vidas purificadas. Los cambios de la historia las han respetado, porque viven en la actualidad de Dios. ¡Me gusta mucho respirar esto, vivirlo, contarlo, cantarlo! Tiene rango de cántico nuevo.

Les he comunicado las palabras que me diste, y ellos han recibido. Y han creído que Tú me has enviado (Jn 17, 1-11). Creo que, como Jesús, vine al mundo trayendo *las palabras que Tú me diste, y ellos las han recibido…* Palabras que el Padre deseaba comunicarnos… Así nosotros, cada uno venimos al mundo con un mensaje nuevo para los hermanos y para la historia. Por eso vivo con todos mis sentidos abiertos para captar el mensaje. Y con el corazón dispuesto para dar lo que recibo.

Me impresiona el fracaso de Jesús. «El fracaso más grande de la historia», en el que yo tengo parte. Lo entiendo así porque he pasado por la vida fracasando y creciendo. Cada fracaso ha sido un estirón hacia dentro de mí, donde me esperaba siempre el abrazo de Dios. ¡Oh, si yo pudiera expresar esto!

Padre, ha llegado mi hora, glorifica a tu Hijo… Para que dé la vida eterna a los que Le confiaste (Jn 17, 1). ¿Cuál es mi hora? Es algo tan sencillo como respirar. Cada momento es para mí la hora de tomar de Jesús su serenidad, su aplomo, su confianza en el Padre, que piensa en la salvación de sus hijos de todos los tiempos. ¡Qué profundidad! ¡Misterio del amor!

Veni Sancte Spiritus,
et emitte caelitus
lucis tuae radium.

El Espíritu del Señor siembra en mi jardín interior la planta de la sabiduría que amo y busco desde mi juventud. Yo la regaré del río de agua viva que mana de mis entrañas, porque ¡el Señor cree en mí!

MIÉRCOLES VII DE PASCUA. 16 DE MAYO DE 2018

Veni, Pater pauperum!
Veni, Dator munerum!
Veni, Lumen cordium! (Secuencia de Pentecostés).

Despierto. Aquí estoy, Señor, viva y agradecida, porque tu amor espera mi despertar. Me preparo a recibir la incesante venida de tu Espíritu. Cada día viene de una forma nueva a la que me abro todo lo que puedo. Él me ayuda a caminar por la vida con amor. Me asomo al cielo cordobés. No veo estrellas. Me asomo a mi cielo interior. Han cambiado de lugar las estrellas. ¡En mi cielo sí brillan! ¡Oh! Y además me impresiona el correr de las aguas vivas de la gracia que, como un torrente, fluyen del corazón de Dios, purifican el mío al amanecer y me ponen a punto para celebrar sus alabanzas.

Vuelvo de Laudes, paso a la celda, tengo todo preparado. Me inclino ante la Biblia y sigo con la *lectio*. *Tened cuidado de vosotros y del rebaño que el Espíritu Santo os ha encargado guardar* (Hch 20, 28-38). Pues yo me tomo muy en serio esta Palabra, porque me recuerda aquella pregunta de Dios a Caín y la respuesta de este: *¿Caín, dónde está tu hermano Abel? ¿Soy yo acaso el guardián de mi hermano?* (Gn 4, 9). Me siento guardiana de mis hermanos, todos los del mundo. Es muy claro para mí que ser monja es ser guardiana de mis hermanos, todos sin excepción, de todas las razas, lenguas, pueblos y naciones. ¿Cómo es posible esto si soy tan pequeña y tan pobre? Es muy posible a través del silencio monástico. El silencio cava en mi campo interior profundidades inmensas con capacidad infinita. Al menos yo no le veo el fin. Y me caben todos los hermanos del mundo tal como son: con sus mentalidades, religiones, pecados, rebeldías, problemas, enfermedades, sufrimientos, fracasos, gozos, proyectos…, todo, todo… Esto lo vivo dentro con «dolor-gozo-amor». ¡Qué misterio! Mi Maestro lo vivió primero. Soy muy pequeña y muy pobre, pero miro hacia dentro de mí, me encuentro con la mirada de Dios y me impresiono mucho. ¿Cómo es la mirada de Dios? Solo sé decir que me siento envuelta en su amor, conocida, y puedo amar yo, ¡esto sí que es grande!

Reyes de la tierra, cantad a Dios. Yo le canto porque me siento reina del Universo. Ahora que la noche está cayendo y todo va quedando en silencio y penumbra… Vengo del patio donde he escuchado la respiración de Dios. ¿Cómo es Su respiración? En este momento es para mí gozo, serenidad, otras veces es dolor, y siempre amor. Dios respira al ritmo de nuestro vivir para acercarnos a su Corazón.

Padre Santo, guárdalos en tu nombre para que sean uno como nosotros. ¿Cómo convivir con personas diferentes en cualquier aspecto? No mejores ni peores, simplemente diferentes. Es cuestión de amor en marcha: amor, no palabra sino vida vivida en la vibración de la Vida. ¡Qué complicado me ha salido esto tan sencillo! Captar esta vibración es ponerme a tono para amar. ¿Cómo lo consigo? Es gratuidad de Dios, y no necesita merecimientos. La vida es un regalo precioso que he recibido… Yo no lo pedí. Mi gratitud a Dios es más grande que yo, porque me uno a María y Ella se une a mí en acción de gracias. Me retiro a descansar, Señor. Mi paz interior, la que he gozado en el patio, tiene aroma de jazmines y rosas.

Veni, Consolator optime,
dulcis Hospes animae,
dulce refrigerium! (Secuencia de Pentecostés).

Loado seas, mi Señor, por mi dormir y mi despertar. Loado por mi soñar, mi sufrir y mi gozar. Loado por toda yo y por la Humanidad. Loado por tu vivir en nosotros, loado por la vida que nos das.

Hoy me he asomado al patio dos veces. ¡Qué belleza! La torre, recortada sobre el cielo de un blanco azulado, los tejados, sus formas… Los pájaros han callado asombrados ante el misterio del amanecer… y yo también. Me asombra la penumbra que precede al día. Todo lo envuelve el Misterio.

Paso a la celda y comienzo la *lectio* envuelta en la gracia de Dios. María me acompaña y me ilumina. Para empezar, en honor a Ella rezo el *Magníficat.*

Les di a ellos la gloria que Tú me diste, para que sean uno... Para que el mundo crea (Jn 17, 20-26). Cuando Jesús insiste tanto en que seamos uno, es que es posible, dentro de lo difícil que es. ¿Cómo hacer unidad en el propio ambiente? Para mí es claro que las exigencias no crean unidad, disgregan. Entonces, entre personas de diferentes nacionalidades, culturas, mentalidades, espiritualidades, condiciones físicas y psíquicas, edades... ¿qué hacer? Después de mucho bregar y sufrir con problemas que estas situaciones generan, después de mucho orar y reflexionar, la única solución es unificarme yo, amar y dar la vida. Es lo que hizo mi Maestro. ¿Cómo me unifico? La verdad es que no sé cómo se hace eso, simplemente me pongo en manos de Dios. María me enseña. Y espero al Señor en cada momento con un deseo profundo de ser fiel a Sus requerimientos. Esto no crea tensión, ni escrúpulos: se vive con la misma sencillez que se respira.

Para mí es muy importante caer en la cuenta de que la unidad la hacemos entre todos, sin darnos cuenta nos complementamos. ¡Si fuéramos conscientes de esta realidad! Nadie es perfecto. Pienso en mi comunidad: lo que a mí me falta lo tiene otra hermana y yo doy lo que a ella puede ayudarle a completarse. Creo que entre todos viviríamos y disfrutaríamos de Jesús el Señor, si fuéramos conscientes de que nos necesitamos para complementarnos en Él... *Que sean uno como nosotros somos uno.*

¡Ven, Espíritu Santo! Haznos comprender la grandeza de que seamos uno en vosotros, para esto nos pronunció la Palabra Creadora. Que el mal no nos disperse. Que la Pascua nos congregue. Amén.

O Lux beatissima,
reple cordis intima
tuorum fidelium! (Secuencia de Pentecostés).

Señor, esta noche Te ha soñado mi corazón. Al despertar Te ven mis ojos interiores desde mi profundidad. Vivo en fiesta mientras me preparo para la celebración de la venida del Espíritu Santo. Mis ojos del alma han tomado color verde de tanto mirar al Océano Inmenso de tu gracia, Señor. Por eso espero, lo espero todo de tu amor que salva. María Santísima me ha enseñado a mirar y a esperar. Ser monja es muy importante, porque no soy nada, no tengo nada. Al no ser nada y no poseer nada, en mi capacidad cabe todo, me siento vacía de todo y llena el que lo ocupa todo. ¿Cómo puede ser esto? ¡Qué grande es Quien lo ocupa todo! Es tan grande que puede caber en mí, tan pequeña. Solo el GRANDE puede hacerse pequeño como yo.

—*Simón: ¿me amas más que estos?* —*Sí, Señor, Tú sabes que te amo.* —*Apacienta mis corderos* (Jn 21, 15-19). Cuando escucho esta pregunta de Jesús, que muchas veces oigo dentro de mí, me pregunto muy en serio: ¿cómo amo a mis hermanas, que son lo que más cerca tengo? Esto me da la medida de mi amor a Dios. ¿Cómo puedo pastorear si no tengo rebaño? Recuerdo que siendo aún relativamente joven ya no tenía ningún cargo y se me encomendó la limpieza de todos los lavabos del monasterio. Me decía yo a mí misma alguna vez: «Es curioso, me siento muy alegre, muy libre y muy feliz limpiando lavabos. ¡Soy la reina de mí misma limpiando lavabos!». Un día me sorprendí en la oración pensando: «No tengo ninguna responsabilidad, ¿qué hago con esta alegría que no me cabe dentro?». Muchos hermanos sufren enfermedades, soledades incomprensiones... Tantas cosas... Sin duda estas son mis ovejas, desde aquí las pastoreo y alimento. ¿Cómo? Viviendo junto al Pastor se llega muy lejos, se abarca el Universo y se abraza con los brazos de Jesús, con el amor del Padre y con la fuerza de su Espíritu. Esto es más fácil de vivir que de expresar. ¡Qué suerte ser monja! Y es pura gratuidad. Yo solo he dicho sí a lo que Dios me ha pedido a lo largo de mi vida, todo lo demás lo ha hecho Él. ¡Qué dicha ser monja!

Señor Dios, lo he puesto todo en tus manos. *Tú preparas mi tierra interior, la riegas* con tu gracia (Cf. Sal 64, 10), la bendices, la aromatizas, siembras el trigo, madura al calor de tu mirada, pasa por la hoz, el molino, el horno y se convierte en «pan» para los hermanos. Así se alimenta mi rebaño.

SÁBADO VII DE PASCUA. 19 DE MAYO DE 2018

Veni Creator Spiritus,
mentes tuorum visita:
imple superna gratia
quae tu creasti pectora.

Señor, al despertar *me coronas de gloria y dignidad* (Cf. Sal 8, 5) y me permites sentirme emperatriz con la humildad que me regala tu verdad. María me acompaña.

Escucho el *Veni Creator* de los monjes de Silos… ¡Oh! Clarea el día. El patio extasiado me esperaba para comunicarme un mensaje nuevo de paz y amor. María conmigo siempre. Todo lo que sucede en este recinto monástico me ayuda a comenzar el día con un espíritu nuevo para esperar al Espíritu siempre joven. María y yo esperamos juntas. Paso a la celda y escucho el *Veni Creator* de Tomás de Victoria. Me gusta mucho.

Tú sígueme… (Jn 21, 20-25). Me impresiona lo imperativo que se muestra Jesús. Así lo siento en mi vida. Su llamada constante es mi «inquietud», mi descanso y mi seguridad. *Sígueme…* Tu voz, Señor, es irresistible, lo sé por experiencia.

Tu voz es inconfundible… Voy, voy… Me purificas a tu manera para poder conocerte y vivirte y ser consciente de que Tú me vives.

Señor, es mediodía, ¡qué mal rato he vivido! Quizá no he sido prudente, pero no se me ha entendido. Pediré perdón y no aclararé nada. He acudido al Sagrario y salí confortada. Qué sereno todo en el patio, para mí es un lugar de restauración, junto con el Sagrario. Ahí se reparan los rotos que me hace la vida fraterna, sin querer, lo comprendo.

En estos minutos que quedan para ir a vísperas Te cuento, Señor, lo que vivo ahora. Lo escribo en gratitud y obsequio a ti, Señor. Para sentirme emperatriz, antes he de vivir *inclinada bajo tu poderosa mano,* como dice san Pedro, *para que a su tiempo me eleve* (1 Pe 5, 6). Mano que estremece, humilla y enaltece… Educa en la verdad, me conduce a la paz, donde los acontecimientos se iluminan.

Sígueme, déjalo todo, déjate a ti misma, no tienes importancia... Un paseo por los claustros, lento, sereno. Un rato en el patio... ¡Qué soledad tan acompañada! ¡Ya es de noche! Buenas noches, Señor Dios. Me retiro a descansar cantando tus caminos. Me gusta cantarlos, soñarlos y caminarlos viva, en profunda realidad soñada.

DOMINGO DE PENTECOSTÉS. CICLO B. 20 DE MAYO DE 2018

Factus est repente de caelo sonus advenientis Spiritus vehementis. Alleluia, alleluia!

¡Oh! Despierto en el día de mi cumpleaños con el alma abierta, y recibo la primera mirada, la primera caricia, la primera palabra y la vida nueva para estrenar en la presencia del Espíritu del Señor. Mi corazón es muy joven, celebro, en creciente madurez, el Amor Primero que eres Tú, Señor.

Un recuerdo especial y felicitación a mis padres que conmigo estrenaron su paternidad-maternidad y colaboraron al Misterio de la Encarnación... ¡Qué gloria deben de tener mis padres! Soy princesa desde el día de mi nacimiento *entre esplendores sagrados* (Sal 109, 3). La Palabra, *como Rocío Sagrado*, me pronunció *antes de la aurora*. Y cuando llegó su momento se valió del amor y el gozo de mis padres para regalarme un cuerpo, que se va deteriorando mientras Cristo toma forma en mí. ¡Qué maravilla! Hermosa realidad que solo puede expresar el silencio...

Salgo al claustro, me saluda el fresco del amanecer, es el Aliento del Señor que me felicita. Es el amor de María que me mira sonriente. Y recuerdo: *Recibirás el Espíritu del Señor y te convertirás en otro hombre* (1 Sm 10, 6). Es verdad: el Espíritu del Señor me rejuvenece y me vivo como recién nacida.

Paz a vosotros. Como el Padre me ha enviado, así os envió Yo...
Exhaló su aliento... Recibid el Espíritu Santo... (Jn 20, 19-23).

Voy, Señor, ¿adónde? Soy monja, ya sabes. Siempre digo lo mismo, pero es que me gusta tanto ser monja que hasta que Tú me llames no terminaría de decirlo. Porque soy monja tengo todas las posibilidades de recorrer el mundo y estar junto a los hermanos más necesitados: niños y ancianos abandonados, enfermos de todas las enfermedades, sobre todo psíquicas, personas que no encuentran su centro.

Todos los hermanos me caben, los toco dentro de mí, los acaricio. Todo esto me es posible porque soy monja. Monja enviada. *«Yo-Soy» me envía a vosotros* (Ex 3, 14). Y también puedo recorrer el Universo, escuchar su sinfonía que lo abarca todo, gozar sus maravillas, sin moverme del monasterio. El Espíritu me regala unas alas nuevas cada momento. Gracias, Espíritu Santo, porque ensanchas todo mi ser para que el Universo, la Humanidad y la Historia se acomoden en mi corazón con gusto y anchura. Pero, ¿cómo, si nadie me conoce? Esto es un misterio de amor que gestiona el Espíritu de Dios. Lo único que yo hago es vivir abierta. Nada más.